Bruno e os elefantes-marinhos

Luigi Del Re

Bruno e os elefantes-marinhos

EDITORA RECORD
RIO DE JANEIRO • SÃO PAULO
2006

CIP-BRASIL. CATALOGAÇÃO-NA-FONTE
SINDICATO NACIONAL DOS EDITORES DE LIVROS, RJ.

D475b

Del Re, Luigi
    Bruno e os elefantes-marinhos / Luigi Del Re. – Rio de Janeiro : Record, 2006.

ISBN 85-01-07462-4

    1. Del Re, Bruno. 2. Del Re, Luigi – Família. 3. Crianças – Morte. 4. Luto. 5. Perda (Psicologia). 6. Pais e filhos. I. Título.

06-4033.
                                            CDD 155.937
                                            CDU 159.942:393.7

Copyright© Luigi Del Re, 2006

Direitos exclusivos desta edição
reservados pela
Editora RECORD Ltda.
Rua Argentina, 171, São Cristóvão
Rio de Janeiro, RJ – 20921-380 – Tel.: 2585-2000

Impresso no Brasil

ISBN 85-01-07462-4

PEDIDOS PELO REEMBOLSO POSTAL
Caixa Postal 23.052 – Rio de Janeiro, RJ – 20922-970

"Nessun maggior dolore
che ricordarsi del tempo felice
nella miseria."
(Dante, Inf. V)

"... mas na dor eu me fechei, como se ela
fosse uma injustiça que só tocou a mim."

Meus filhos,

Ao lerem este livro vocês poderiam pensar: quanta tristeza! Mas, então, só o Bruno contava?

Contavam e contam vocês também.

Só que o Bruno morreu.

Sumário

I	O ninho de marrecas	11
II	A pesquisa de história	13
III	Alvorecer no banhado	17
IV	Minhas crônicas acabaram	19
V	Aquele dia	21
VI	O pastor	25
VII	A falta	27
VIII	Tinha um gurizinho	29
IX	Olaf e Doro	33
X	A espingarda no caíque	35
XI	A caixa do correio	39
XII	O capuz	41
XIII	O sonho	43
XIV	A vareta	45
XV	O vestibular	47
XVI	Será que o pai vai me reconhecer?	51
XVII	Não vê, pastor Wellmann?	53
XVIII	Momentos	57
XIX	A foto para a carteira	61
XX	O pato	65

XXI	A canção	67
XXII	A estrela	73
XXIII	No ônibus	75
XXIV	Por que esse dez em matemática?	77
XXV	Primo Levi	79
XXVI	O Dr. Alfredo	81
XXVII	Dona Candinha e os mistérios da ilha	83
XXVIII	A *Tusquinha*	85
XXIX	A pescaria e a carta da Dona Candinha	87
XXX	A radiografia	93
XXXI	"Foi lá"	97
XXXII	O cachorro e o pulôver	99
XXXIII	O violão	103
XXXIV	Vem comigo no meu barco azul	105
XXXV	Montale	109
XXXVI	As crianças da Carla	111
XXXVII	A mensagem	113
XXXVIII	O sabiá	115
XXXIX	A limpa no "quarto das caçadas"	117
XL	O clube de tiro ao prato	119
XLI	A paróquia	123
XLII	A viagem	125
XLIII	Cláudio e os elefantes-marinhos	127
XLIV	"Gaviotines-golondrinas"	131
XLV	O velho amigo	133
XLVI	Não respire...	135
XLVII	A prancha de windsurf	137
XLVIII	A cria	141

I

O ninho de marrecas

Levava o Bruno comigo ao campo desde pequeno: caçando, pescando. Armávamos a barraca ao lado de uma sanga onde pudesse morder algum jundiá, ou na beira do banhado, onde ao amanhecer passariam as primeiras marrecas. Um dia ele viu um ninho entre os juncos. Três ovos cinzentos, talvez abandonados: pássaro nenhum alçara vôo de lá. Um dos ovos estava quebrado.

— Pai, tu querias que mamãe, para fazer nós, botava ovos?

— Claro que sim. Ficaria bem mais fácil.

— E se o meu ovo quebrava?

Bruno quebrou, e não na casca, mas quando já crescera ao meu lado, companheiro querido, esperança de vida feliz para si, e, para mim, de uma velhice serena. Eu achava impossível conseguir escrever este livro algum dia. Fazer da morte de meu filho e da minha dor objeto de literatura não significaria explorar, de alguma maneira, essa morte e essa dor? Escreveria, sim, mas eram apenas os meus pensamentos secretos, que só para mim deveriam ficar: folhas guardadas num grande envelope a ser queimado um dia, e, se me faltasse tempo para isso, tocaria aos familiares. "Por favor, queimar sem ler", estaria lá escrito.

Passaram os anos, porém, e sinto que algo mudou. Talvez eu tenha descido até o fundo; já não tento fugir da dor; eu a aceitei e a levo dentro de mim, compreendi que assim também poderia viver. Viver, aliás, de uma maneira mais verdadeira e consciente. Esta compreensão é a que eu desejaria esclarecer, escrevendo: para mim mesmo e, talvez, para outro pai.

II

A pesquisa de história

— Pára um pouquinho, pai. Tu fala fala fala, eu não sei mais o que é pra botar na pesquisa e o que não. Por que não dita, em vez de conversar?

— Porque tu só estudas ciências e matemática; não sabes nada de história. Então: o Jânio Quadros estava no governo.

— Ao menos, faz as frases direitinho. "O governo do presidente Jânio Quadros..." Assim eu posso escrever.

— Tá. Em agosto de 1961, o presidente Jânio Quadros renunciou, e ficou presidente o que antes era vice-presidente, João... bem, Bruno? Já não te lembras? João Goulart.

— Como é que se escreve?

— No livro tem. Copia de lá.

— Puxa, seria bem melhor se tu ditasse.

— A situação do país piorou. Os preços subiram, então aumentavam os ordenados, mas já os preços disparavam ainda mais. E houve um deslizamento... Tu sabes o que é, não é? Vem de "deslizar".

— Sei.

— ... um deslizamento para a esquerda.

— Todo mundo deslizava para a esquerda?

— Todo mundo, não. Era o governo do presidente João Goulart que ia para a esquerda.

— O governo era do presidente?

— O governo não é do presidente, Bruno. Mas o presidente é a pessoa mais importante do governo. E o presidente, o governo, o país inteiro estavam indo para a esquerda. Tu sabes o que é a esquerda?

— Bem, este, por exemplo, que quebrei no ano passado, é o meu braço esquerdo.

— Bruno, estamos falando de política.

— Tu é direita ou esquerda?

— Bruno, eu não sou nada. Sou italiano, aqui nem posso votar.

— E a mãe?

— A mãe... a mãe, acho que é centro. Bruno, não há nada para rir. Onde é que estávamos?

— Na Revolução.

— Então: a Revolução foi em março de 1964.

— 1964? Mas então eu já estava vivo?

— Estavas. Eras um gurizinho.

— Teve guerra?

— Não. Nem guerra, nem mortos. Mas o Exército tomou o poder, botou um general no lugar do presidente e lhe deu poderes para cassar deputados. Tu sabes o que é "cassar"?

— Pra mim, caçar é caçar marrecão, perdiz...

— Cassar um deputado quer dizer mandá-lo embora. O presidente, depois da revolução, podia dizer a um deputado: eu não gosto de ti. Rua!

— Isso é pra escrever na pesquisa?

— Poxa, Bruno!

— Por isso eu queria que tu ditasse, assim eu sabia o que era pra escrever e o que não. Agora eu não sei. Essa frase que tu falou, é pra escrever ou não é?

— Qual frase?

— Essa que tu falou agora.

— Bruno, nem sei mais qual frase eu disse.

— Sei lá, também!

— Pára de rir, Bruno. O importante é que tu tenhas idéias claras. Entendeste alguma coisa hoje?

— Entendi. Pai, eu tinha tanta vontade de continuar talhando esta madeira...

III

Alvorecer no banhado

Chegamos de noite ao chalé na beira do banhado.

— Seu Idomenes! Que prazer rever as maiores esporas e o bigode mais comprido do Rio Grande do Sul!

— E eu, seu Luiz! Rever o caçador mais magro do Brasil! Puxa, o senhor está cada vez mais seco.

— Melhor. É para caminhar em cima do leivão[1] sem afundar.

— Pode ser. Mas do senhor não sairia bife que prestasse.

— Tem marrecas, seu Idomenes?

— Se tem, Bruno? Deus me perdoe! Tem até marrecão.

No dia seguinte, levantar, ainda na noite fechada, acender o fogo (esse rito que na cidade o gás nos fez esquecer), esquentar a chaleira. Enfiar o macacão de borracha, pegar espingarda, chamas[2] e negaça[3], arrastar o caíque até a água.

---

[1]Leivão — Tapete de vegetação que fica por cima d'água.

[2]Imitações de madeira, plástico ou borracha simulando marrecas, e que, colocadas no banhado perto do caçador, servem para atrair os bandos que passam voando.

[3]Pequeno esconderijo de arbustos ou de juncos atrás do qual o caçador fica esperando que passem as marrecas. (*N. do A.*)

— Deixa, pai, que hoje eu vou empurrar.

Avançar lentamente pelo canal, visível na noite clara. O barulho das galinholas que levantam vôo assustadas, o estouro de um pouseiro de marrecas.

Os companheiros já pararam.

— Bruno, não vamos parar nós também?

— Mais longe um pouco, pai.

Esconder o caíque no junco, avançar cautelosos em cima do leivão que cede a cada passo e de vez em quando fura — afundar até a coxa, que trabalheira sair! Por fim, uma ilhota: a nossa espera está ali.

Uma nesga de lua minguante atrás das nuvens, uma claridade tênue crescendo pelo leste.

— Que beleza, pai!

O assobiar dos primeiros lotes de marrecas ainda invisíveis na noite. Em seguida uma súbita rajada de vento: pésvermelhos que picaram ao nosso lado. Gritos, cantos: está perto o dia. Já se enxergam o perfil das colinas no horizonte e essa garça que passa lentamente, como um fantasma. Cada vez mais perto, o assobiar triste das marrecas caneleiras.

— Pai, lá vêm elas!

IV

Minhas crônicas acabaram

(*Correio do Povo*, 5 de setembro de 1980)

Na sexta passada, escrevi que em nosso banhado todas as aventuras acabam bem. Dois dias depois, perdi lá meu filho Bruno, fulminado por um raio.

Ele era o meu companheiro, o meu amigo. Partíamos felizes cada sexta à tarde; eu esperava por ele na saída da escola, estacionando longe do portão. Bruno não queria que os professores e os companheiros o vissem embarcar no jipe, com o saco das chamas e os galhos da negaça no bagageiro. A maioria das pessoas não quer saber de caçadores, e talvez tenha razão, mas, para o Bruno, caça não era apenas dar tiros. Um ratão que passava nadando ao lado da negaça, deixando atrás uma longa esteira; um passarinho preto e amarelo equilibrando-se num junco, uma cegonha que cruzava lá em cima, com o bico e o pescoço esticados e as grandes asas batendo lentamente, eram fonte de alegria, não menos que esse último dublê de marrecões, festejado pelos companheiros. Fora ele quem me chamara, dias atrás, para ouvir o primeiro sabiá cantando a primavera; ele quem insistira para que eu não atirasse mais nas escassas marrecas pés-vermelhos, e, se iam para a negaça dele, ficava tran-

• 19 •

qüilo a olhá-las passar, ainda que fossem a única chance do dia.

No último fim de semana, parecia resolvido a voltar para casa no sábado, para estudar, em vista das provas. Depois, prevalecera a tentação de outro dia comigo no banhado. Embarcamos no caíque; ele empurrava alegre a vara, cantando:

"Vem comigo no meu barco azul."

Foi uma vida boa, feliz. Dezesseis anos: um presente que a tristeza, agora, não deveria destruir. Mas não me peçam mais crônicas alegres. Eu gostava de escrevê-las; imaginava que seriam um desses pequenos prazeres que ajudam, quando a velhice está perto. Talvez um dia recomecem, se eu conseguir senti-las como uma conversa com o Bruno, mas ele não estará mais para ler os rascunhos e dar seus palpites, nem para me trazer correndo o jornal, antes de pegar o ônibus para a escola: "Saiu, pai! Bem no começo da página!"

Leitores amigos, adeus.

V

Aquele dia

À noite, sempre procuro deitar tarde, na esperança de adormecer logo. Basta-me, porém, fechar os olhos, e volta aquela imagem: o caíque que sai dos juncos, o Bruno de pé, na popa, empurrando com a vara e vindo para o meu lado. Tento, desesperadamente, apagar essa imagem, evocar outras: um passeio na praia, ao alvorecer, essa canoa que se afastava para largar as redes; havia umas nuvens tão leves sobre o mar, bordadas de luz. Ou o casaco azul dessa moça, muitos anos atrás, tão macio sob a minha mão. Tudo é inútil: o Bruno sempre está ali, aproxima-se o caíque, debaixo desse céu preto, carregado, que pesa sobre o banhado silencioso.

Gritei: espera! Mas ele não me ouviu. Ou talvez estivesse com medo, quisesse ir embora, resguardar-se comigo. Empurrava o caíque com toda a força. Se ao menos ele não ficasse assim de pé. E cada vez é como se tudo tivesse de acontecer novamente: como se ele pudesse ouvir-me; sentar, talvez, ou deitar no fundo da embarcação. Voltaríamos juntos, então; riríamos do nosso medo.

Mas o Bruno está de pé, alto sobre o caíque, e a vara comprida eleva-se por cima dele, molhada de chuva.

• 21 •

Um estrondo. Agora o caíque está parado e não se vê mais o Bruno.

Afundo o rosto no travesseiro, para que Marion não me ouça chorar. Quantas vezes ela também há de pensar nisso, coitada, mas naquele dia ela não estava lá. A sua lembrança deve ser de quando Lilian batera na porta e olhara para ela daquele jeito, e essa lembrança talvez doa menos que a minha. Mas a nada eu quereria renunciar do tempo que vivi com o Bruno: não, nem a essa hora. Enxergá-lo morto, mudá-lo de lugar no caíque (como pesava!), levá-lo devagar até a margem.

Poderia ter morrido longe de mim: numa regata, ou surfando nessas grandes ondas da Praia de Fora, ou num acidente qualquer de trânsito. Então eu também chegaria a saber mais tarde, por amigos que procurariam escolher as palavras. E pensaria que durante algumas horas vivera a minha vida de sempre, sem saber que o Bruno já não estava mais. Teria sido mais fácil iludir-me a mim mesmo, depois, e dizer: não, não é verdade.

Mas bem sei que é verdade, porque o vi morrer.

Seis horas da tarde. Antes, sempre esperava por esse tocar de campainha: o Bruno voltava da escola e logo corria para mim.

Talvez só ficasse um minuto; logo se precipitava para o jardim, chamava assobiando os cachorros, rolava na grama, depois das horas em que estivera trancado na sala de aula. Mas o primeiro alô sempre era para mim.

Outono. Faltam poucas semanas para que se abra a temporada de caça. Se o Bruno estivesse aqui, insistiria para irmos juntos ao "quarto das caçadas", onde está a nossa bagunça toda, desespero de minha mulher: espingardas, cartuchos, botas, chamas, barraca, lampião, cantis, latas de pólvora, saquinhos de chumbo, balança... Tiraria do estojo sua espingarda, a velha Sauer que fora do avô, e a empunharia, descarregada, fazendo pontaria aqui e acolá: "Pai, como ela me cai bem! Eu não vou errar um tiro, este ano!" Depois, antes de guardá-la, poria mais um pouco de vaselina e olharia contra a lâmpada o interior brilhante dos canos.

Agora as espingardas estão enferrujando.

— Quem sabe, sem essa tua paixão pelas caçadas...

Bem poderia dizer-me isso, Marion. Nunca disse, e fico-lhe grato. Mas deve tê-lo pensado, muitas vezes: se eu não tivesse levado o Bruno ao campo desde pequeno...

VI

O pastor

"Porque os meus pensamentos não são
os vossos pensamentos; os vossos caminhos
não são os meus caminhos."
Isaías, 55.8.9

Ele tinha dezesseis anos.
"O número dos anos, a quantidade do tempo perante
Deus não representam um valor. Dezesseis anos podem valer
mais que sessenta." Assim disse, no enterro, o pastor evan-
gélico, que conhecia o Bruno e o queria. Suas palavras não
foram as habituais palavras vazias.
Vestia uma longa túnica com a qual eu nunca o vira; seu
rosto, porém, era o rosto de sempre. Parecia, apenas, mais
jovem e pálido. Ele também estava triste, enquanto nos falava do Bruno e de Deus.
"Um raio levou o Bruno. Por que justamente ele?
No fundo, bem pouco compreendemos de Deus. De um
momento para outro, tudo pode cair na dúvida. Existe, porém, um Evangelho que nos exorta a confiar, a esperar..."
(Não, eu não queria pensar em Deus. Só escutava as palavras que me lembravam o Bruno.)

• 25 •

"...mas na tristeza o Bruno continua sendo um dom. Os anos que vocês viveram juntos..."

Sim, os anos que vivi com ele. E especialmente os últimos: já não criança, mas, sim, companheiro querido.

"...os anos que viveram juntos ficam como um tesouro. Esse tesouro poderá morrer, se vocês se limitarem a possuir o Bruno na memória, mas continuará vivo se conseguirem sentir em vocês essa alegria do Bruno, essa sua confiança na vida".

VII

A falta

Tenha paciência, dizem. Com o tempo...

A cada dia que passa, porém, mais compreendo o que é a falta do Bruno. Vou ao centro, escrevo uma carta, ocupo-me (contra a vontade) dos meus negócios, e de repente a angústia me prende, sem motivo algum, ou talvez por via de um pensamento fugaz, de uma remota ligação. Hoje passei ao lado de um velho mendigo, que já vi muitas vezes: meio idiota, sujo, descalço até no inverno. Estava sentado no degrau da calçada, e com um aramezinho raspava cuidadosamente a terra entre as frestas dos paralelepípedos. Por que ele chegou a sessenta anos, e o Bruno morreu aos dezesseis? "Os caminhos do Senhor não são os nossos caminhos", disse o pastor. Aceitar isso, porém, é difícil.

Só podemos aceitar se nos encontrarmos num dos limites extremos: ou no limite feliz da fé — e então a morte é a porta para alcançar a Deus, e Deus pode nos arrebatar uma criatura, para elevá-la até si num instante de perfeição, de graça — ou no limite oposto, de quem pensa: só existe o acaso. Bastaria que o Bruno voltasse para casa no sábado; ou que ocupasse outra negaça; ou que me ouvisse e não saísse

• 27 •

da dele; ou, talvez, que eu tivesse comprado um caíque de fibra de vidro, em vez do de alumínio...

E, então, podemos tentar nos agarrar ao nosso pequeno orgulho de homens sozinhos: a vida é tudo que temos, e, pelo fato de se exaurir em si mesma, é sem sentido e sem finalidade, mas essencial para nós. Não perante a graça divina, e sim perante a inutilidade e o nada, sessenta anos ou dezesseis dão no mesmo, e o Bruno foi feliz, e a nossa tristeza é só nossa, egoísta, animal, e pode ser assumida.

Isso, porém, não é fácil. Passo pela esquina onde às vezes ele me esperava na saída da escola, vejo-o correndo para mim com a pasta debaixo do braço e pulando no carro, feliz. Encontro um bilhetinho escrito na véspera de uma caçada: "Pai, desculpa se não deu para te ajudar a preparar tudo. Se queres que eu faça o carreteiro, leva arroz, azeite, tomates, cebolas, ervilhas e sal. Vamos esperar que continue ventando e chovendo: que tempinho para as marrecas, não é? Tchau. Bruno." Olho os seus cadernos e penso que algum dia vou ter que me decidir a queimá-los. Quanto trabalho: todos em ordem, aquela sua caligrafia rápida, porém clara... trabalho inútil? Não. Para ele, serviram, se é só o presente que vale. Basta, porém, que chegue à mesa um prato de que ele gostava, e parece-me ouvir essa sua voz alegre: "Nhoque!" E, então, eu já não consigo achar razões.

VIII

Tinha um gurizinho...

Hoje levei o carro à oficina. Avelino, o mecânico, é caçador e já me conhece há muitos anos. Ao saber do Bruno...

— O lourinho? Aquele que sempre vinha aqui com você? Ele olhava com uma atenção... Desceu comigo debaixo do jipe para entender esse defeito da tração nas quatro...

— Dos meus filhos, ele é... era o único que metia a mão em tudo, procurava dar um jeito nas coisas, arranjar-se sozinho.

— Eu me lembro dele, esse dia no Baicuru. Era ainda criança, mas como baixava as marrecas, com essa arminha calibre 24!

Sacode a cabeça, abre o capô do carro e começa a tirar os parafusos do carburador. Eu penso naquela caçada.

O Bruno tinha doze anos.

À noite, na barraca, o Bruno dava voltas no saco de dormir, na ânsia do dia seguinte. Levantamos bem antes do alvorecer, caminhamos no barro até as esperas. As marrecas passam bem altas, e ainda assim há quem arrisque inutilmente tiros sem chance.

— Mocureiros[4]! — resmunga o Bruno. Bem sabe que de nada serve atirar a essa distância: só espanta a caça e a torna ainda mais arisca.

Aí vem, rápido, um lotezinho de marrecões. Um tiro do Bruno e o marrecão separa-se do bando, cai numa longa parábola.

No diário do Bruno está escrito: "Na volta paramos para nos despedir do capataz. Ele contou que outros caçadores disseram: hoje tinha lá um gurizinho derrubando bicho..."

Naquele banhado eu caçava havia vinte anos. Acabou sendo drenado. Relembro os mergulhões, os ratões-do-banhado, os claros onde botávamos as chamas e onde os jacarés de vez em quando nos roubavam uma marreca, se demorássemos a apanhá-la; o imenso juncal onde cheguei a me perder, na boca da noite; a sanga que cruzávamos com água pela cintura, e que o Bruno, quando pequeno, passava montado nos meus ombros. E penso que, se esse banhado não tivesse virado um monótono arrozal, lá continuaríamos indo e lá estaríamos naquele domingo. E agora o Bruno conversaria aqui com Avelino sobre esse defeito do carburador.

Não o vi cair. Um momento antes havia um rapaz que, de pé na popa, empurrava o caíque debaixo da chuva. De repente, o Bruno não estava mais; só se via o caíque lá, imóvel, meio adernado.

---

[4] Mocureiro: caçador novato, inexperiente. (N. do A.)

Sabia que era o corpo do Bruno que inclinava o caíque. Ofegante, eu cruzava o banhado, com a água pela barriga, fazia força contra os juncos e os aguapés, queria correr e não podia, mas de nada adiantaria correr: bem sabia que Bruno estava morto.

Não, ainda não sabia. A verdade, a sua morte, eu a penetraria pouco a pouco, com o tempo. Naquele instante, fazia tudo que devia fazer, e meu coração latejava disparado pelo esforço; cheguei a pensar: tomara que me dê um enfarte! Mas ainda não sabia. Era como se assistisse, de fora, a uma desgraça que talvez nem fosse minha, ou que minha fosse apenas num sonho.

IX

Olaf e Doro

Olaf veio correndo de São Paulo. Está sério, triste, mas não fala do Bruno. Fala de si, da família, dos netos, dos anos que passam, da casa na praia para onde espera se mudar depois de aposentado. Veio porque o Bruno morreu, mas agora o Bruno é tabu, como se já o som dessa palavra — Bruno — despertasse em mim uma dor insuportável.

Às vezes, então, interrompo Olaf e digo-lhe algo do Bruno, e ele acena que sim, silenciosamente, mas logo trata de desviar a conversa. É a sua maneira de me querer bem.

— Quem sabe se a Zuza consegue se adaptar em Ubatuba. São Paulo é um inferno, mas lá estão as amigas dela, e o supermercado ao lado de casa, e o cinema, à noite, quando temos vontade de sair. Ubatuba, no inverno, é deserto. Para mim, tanto melhor, bem sabes quais são os meus gostos. Com meus livros, meus discos...

— Nunca mais o viste, não é? Quando te mudaste para São Paulo, ele era ainda criança. Nem o terias reconhecido.

Olaf cala, triste.

Doro, pelo contrário, compreendeu.

— Como é que foi, Luigi? Como é que foi, para ti, a morte do Bruno?

A Olaf a pergunta pareceria brutal, mas não é: não preciso fugir, preciso falar, compreender.

— Tu sabes, o que se deve fazer a gente faz, e fazê-lo é natural, e ajuda. Cruzar esses duzentos metros de banhado, onde só se passaria de caíque...

— Um esforço medonho.

— Foi. E bem sabia que não serviria de nada, que o Bruno estava morto. Depois, o resto: há lembranças que ainda me tiram o sono. Mas, já que o Bruno devia morrer, é melhor que eu tenha estado ao lado dele, no domingo. A percepção da morte...

— Eu sei. A Marion dizia: coitado do Luigi... Como se a tua dor, por teres assistido à morte de teu filho, pudesse ser maior que a dela. Eu logo respondi: mas o Luigi esteve lá. A morte do Bruno, ele a viveu; foi para ele uma realidade que...

— ... que os demais só podem imaginar. Ela também, mãe, pode se rebelar, pode gritar: não! Mas eu soube logo, bem no fundo de mim. E essa consciência tão clara da morte... Melhor assim, Doro.

— E, ainda, por doloroso que fosse, tiveste esse contato com o teu filho, até o fim, um contato de amor.

X

A espingarda no caíque

Ainda necessito fugir, às vezes. E se fugir não posso, a angústia me pega. Um sofrimento quase físico. Ao longo de uma viagem noturna de ônibus ou de avião; ou ontem à noite, quando faltou luz por um tempo. Ao voltar o pesadelo, procuro algo para fazer: uma carta para responder, uma frase por procurar num livro. Ontem, lá no escuro, eu não tinha saída. De repente, a lembrança desse instante: quando, de pé ao lado do caíque, tentava virar o Bruno de costas e não conseguia; fazia força, mas o caíque mexia-se junto com ele. Até que embarquei no caíque e então foi fácil virar o corpo do Bruno — ah, esse rosto imóvel, esse rosto que eu conhecera alegre, vivo.

Esse estertor, cada vez que o ar saía de seus pulmões, nos quais eu o assoprara. E o receio: se ele recomeçasse a respirar? Se já não fosse o Bruno, e sim um corpo apenas, vegetando; um rosto abobado diante de um cérebro extinto?

Quanto tempo eu tinha levado para chegar até lá? Dez minutos? Vinte? Não, nenhuma esperança mais de reavê-lo como fora. Deitei-o, devagar, no fundo do caíque.

• 35 •

Murmurei: "Não!", Mas logo calei. Estava ali ao lado dele, desesperado, mas não imprecava, não chorava. Era apenas a chuva que molhava o meu rosto.

Nada mais a fazer.

Ou algo, sim, talvez. Olhei as espingardas: a dele, encostada cuidadosamente na proa, e a minha, jogada no banco. Seria tão fácil. Um tiro à queima-roupa, uma laceração definitiva. E a espingarda estava ali, pronta: a mesma que eu tivera em minhas mãos desde rapaz. Tantas vezes a tinha tocado, secado, desmontado, limpado; tantas vezes levado no ombro durante dias inteiros, ou empunhado ansioso na amarrada do perdigueiro ou na picada de um bando de marrecões rumo às chamas. Bastaria pegá-la ainda uma vez, a última.

Acho que teria bastado dar continuação ao pensamento com um pequeno gesto qualquer — acariciar a empunhadura, cujos entalhes a minha mão, em tantos anos, quase apagara. E o pensamento viraria ato.

Mas não fiz esse gesto. O pensamento ficou pensamento apenas, e durante muito tempo, cada vez que lembrei esse instante, doeu-me tê-lo deixado passar. Porque esse fora o instante, e não depois, a frio, quando outros aspectos já não poderiam ser esquecidos — a dor da família, o dever, essa ilusão de sermos indispensáveis.

Muitas vezes pensei nisso. Se eu tivesse acabado com tudo de uma vez! Teria sido tão simples. Nós dois, juntos, no caíque. À noite, Marion telefonaria ao Frank: "Como é que o Luigi não chegou?" Eu, porém, sempre a alertara para que não se preocupasse por uma demora: bastaria termos um problema

• 36 •

com o carro, ou ficarmos atolados — e naquele dia, justamente, estava chovendo. Ela e o Frank viriam na manhã seguinte, sempre esperando encontrar-nos na estrada. Na bifurcação, ficariam em dúvida: para onde? Talvez pelo Km 17: fica mais longe, mas o Luigi sabe que a estrada é melhor. Depois chegariam ao chalé, veriam o jipe e compreenderiam. O Frank iria às pressas com seu caíque até as esperas, e de longe enxergaria o nosso, com os chimangos em roda e talvez um carcará já pousado, bicando.

Por que será, então, que não me resolvi? Talvez fosse a vista do Bruno, deitado aos meus pés; do corpo dele, despido pelo raio. A capa de borracha desaparecera; desapareceram as pesadas roupas de inverno; a cartucheira ficara em dois pedaços, rasgada; o Bruno estava desnudo, do peito até o ventre; uma das pernas a descoberto. Senti (suponho) a necessidade de cobri-lo, de ajeitá-lo, de levá-lo embora dali.

Sei apenas que comecei a empurrar lentamente o caíque, na chuva; a única concessão que fiz ao meu desejo de morrer foi a de ficar de pé. Estava de pé, e pausadamente erguia a longa vara gotejante, assim como o Bruno a erguera.

Não houve, porém, outros raios, nem antes nem depois. Só aquele, o que matou o Bruno.

Onde os aguapés tapavam o canal — lá onde só passávamos fazendo força os dois —, tive de descer do caíque e arrastá-lo. Logo enxerguei, ao longe, dois caçadores que voltavam do banhado. Gritei.

Puxamos o caíque até o seco.

— Cuidado — eu disse, e abri a minha espingarda para tirar os cartuchos.

— E a outra?

— Está descarregada — respondi. Nem havia necessidade de verificar. Bem sabia que a espingarda do Bruno estava descarregada; que ele sempre a descarregava, ao embarcar no caíque. Era prudente, não se permitia exceções.

Levamos o Bruno até o chalé e o deitamos de costas debaixo do alpendre. Sua virilha à mostra, diante de estranhos. Tirei-lhe as poucas roupas esfarrapadas que sobravam, limpei-o como pude, lavei-o com água tirada do poço. Vesti-lhe uns jeans secos, aqueles que usava na escola. Tentei pôr-lhe a camisa também, mas não, eu não quis dobrar-lhe assim os braços para enfiá-los nas mangas. Melhor o meu velho pulôver escuro, folgado: foi fácil. E a cabeça loira era bela, por cima desse pulôver. O raio a tinha poupado.

XI

A caixa do correio

Há momentos em que eu teria vontade de gritar. Hoje, caminhava por uma rua do centro, cheia de gente, tanta gente ali ao redor de mim, viva, e o Bruno estava morto. Esses rostos pareciam-me banais, ou maus, ou grosseiros, e o rosto meigo e alegre do Bruno não estava mais. Eu gritava, dentro de mim: "Bruno!" E ainda gritava, desesperado: "Não saia da negaça, Bruno! Não saia!"

Avistei um conhecido; se ele também me visse, por certo pararia para falar-me. Não; virei o rosto, dobrei numa rua lateral; hoje não poderia falar com ninguém, parecia-me odiar todos, só porque estavam vivos.

Numa esquina, uma guriazinha (cinco anos? seis?) pedia ao pai a carta para botá-la na caixa do correio. Espichava-se alegre na ponta dos pés, sim, conseguira. Ela e o pai entreolhavam-se sorrindo, saíram de mãos dadas.

Mas eu pensava, com raiva: vocês não sabem, ainda não sabem. A felicidade dura um instante. Amanhã, verão.

Seria horrível se a minha vida se tornasse apenas esse desespero, esse ódio. Os dois rostos, da menina e do pai, eram luminosos, felizes; o Bruno e eu também nos tínhamos olhado assim, muitas vezes.

• 39 •

XII

O capuz

Essa foto no Banhado da Lagoa, anos atrás. Uma das melhores: o rosto puro, ainda de criança, o leve sorriso. E a espingarda, o apito pendurado no pescoço, a capa impermeável. Enfiado na taquara, o capuz de lã que tirara a meu pedido. Os loiros cabelos despenteados: assim ficaram ao tirar o capuz.

O capuz que deveria ficar velho e comido pelas traças bem antes que acabasse a vida do Bruno. Mas o capuz ainda está aí: é o mesmo que botei na última noite no chalé (estava com frio), e o Bruno ria ao me olhar: pequenos instantes felizes. Os últimos, mas não podíamos saber.

O apito ficou, pendurado no pescoço, sobre o seu peito nu. Quando vesti o Bruno, tirei-lhe o apito, joguei-o na grama. Mais tarde, senti: esse apito, ele mesmo fizera, gostava dele. Retornei lá para procurá-lo, mas não o achei mais.

XIII

O sonho

Eu estava com o Fábio quando o Bruno entrou no quarto, dizendo algo que não recordo; sei apenas que era uma frase qualquer, sem importância. Falava tranqüilo, como se estivesse conosco sem nunca nos ter deixado. Fábio e eu nos entreolhávamos assombrados, eu abraçava Bruno:

— Estás aqui, realmente?

— Estou.

(Fábio, eu dizia: pega um alfinete, finca-o em mim. Será que estou dormindo? E o Bruno procurava, suavemente, livrar-se do meu abraço.)

— Mas então...

Depressa, Fábio! Um alfinete, um prego... Parecia-me que se naquele instante eu pudesse provar que não estava sonhando, então sonho teria sido a morte do Bruno, e ele continuaria conosco, ali, vivo. Mas Fábio nada encontrava, e o instante mágico ia passando, e inutilmente eu abraçava ainda o Bruno, sentia seu corpo, sim, ele corporalmente, olhava seu rosto, tenho a lembrança de seus olhos claros.

Acordei chorando. Tão real parecera-me o sonho, que fui chamar o Fábio em seu quarto.

— Lembras se tiveste um sonho, agora mesmo?

E ele, sonolento:

— Não. Eu não sei. Por quê?

Assim, vim aqui escrever. O alvorecer já está perto, e cantam os sabiás.

XIV

A vareta

25 de setembro. Um dia bonito de primavera. O banhado, lá, deve ser plácido e verde, ao sol.

Usei o jipe para ir ao supermercado. De vez em quando é preciso movimentá-lo. Na volta, Marion disse:

— Deixa o jipe aqui fora, vou pedir ao Loreno que o lave.

Agora está limpo. Desapareceu o barro da última caçada com o Bruno; voltaram ao lugar os assentos traseiros que eu tinha abaixado para dar lugar ao seu corpo.

Loreno pede desculpas: não reparou na vareta da espingarda, ao lado do estepe, e, ao levantar os assentos, quebrou-a.

— Vou lhe comprar outra.

— Não faz mal. Deixe, Loreno.

A vareta, foi o Bruno quem a fez.

No assento do jipe ficou um envelope de plástico, com recortes de jornais. "Qual será o destino do Planeta Terra?" Material que escolhêramos juntos, para uma pesquisa sobre ecologia. E umas folhas brancas: a ilusão de fazer o trabalho

• 45 •

no chalé. Mas como é que se pode estudar numa caçada? Ouvem-se as anedotas dos companheiros, ao redor do fogo, e, à noite, os gritos das marrecas.

Recoloco o jipe na garagem. Lá em cima, pendurada nos caibros, a prancha de windsurf. As almofadas a protegem do aperto da corda.

Marion entra e me abraça. Precisa chorar ao meu lado. É um alívio pensar que a vida humana é tão breve: seria terrível sofrer sempre assim.

XV

O vestibular

Bimba, a *collie*, morreu. Nós a encontramos de manhã, ao lado do portão. Velhice ou veneno? É comum que os ladrões matem os cachorros, para depois roubar.

Enterrei-a no jardim, lembrando o tempo em que era filhotinha pequena nos braços do Bruno: um novelo de pêlo macio, um focinho pontudo e dois olhinhos brilhantes.

Sorte que morreu esta noite, e não algumas semanas atrás. Um pesar que ao Bruno foi poupado.

Uma carta de Beppe. "O que posso lhes dizer, a não ser que bem sei como sofrem? E de uma dor que o tempo não apaga."

"O tempo não apaga a dor." Já faz anos que Beppe perdeu seu filho, também num estranho acidente, com um monta-cargas numa fábrica. A dor fica, então, para sempre. Nem sei se essa perspectiva me assusta ou me ajuda: continuar assim será amargo, mas esquecer não quero.

Essas cartas todas, esses telegramas aos quais terei de responder, essas assinaturas no livro.

Um bilhete de agradecimento volta ao remetente: o endereço mudou. Telefono a um conhecido comum.

— Não, eu não sei o novo endereço; mamãe, porém, há de saber. Fale com ela.

Responde uma voz decrépita, nem parece humana, é como um disco gasto, grasnado. "Rua Olavo Barreto Viana, 59". "Cinqüenta e...?" (Meu ouvido está piorando.) "Rua Olavo Barreto Viana, 59", repete o disco grasnando. Parece-me ver essa pobre velha. Espera a sua hora, que tarda.

No fim da minha agenda, a página das contas com o Bruno. Ele tomava nota cuidadosamente, passando depois para mim.

— Gastei cem pilas por três chuletas. — (Ao meio-dia, não voltava para casa: fazia a sua comida no centro, no apartamento do irmão.) — Mas convidei duas colegas, acho que vou ter de pagar as chuletas, não é?

E a sua caderneta de poupança: terei de fechá-la agora.

Os livros. Ao lado dos livrinhos com poucas páginas e muitas ilustrações que fingem contar os Três Mosqueteiros ou a Ilha do Tesouro e só servem para tirar a vontade de ler o texto integral (já se sabe como acaba a história), havia, já, algum livro diferente. *Gabriela, Cravo e Canela, Terras do Sem Fim, A Ferro e Fogo, O Arquipélago, Cândido.* No *Livro do Jângal*, uma marca, na metade do conto de Kotick. E logo os preferidos: *O Século dos Cirurgiões, Caçadores de Micróbios, Antes que a Natureza Morra.*

Debaixo da estante dos livros, um espaço vazio onde antes estava o aquário. O Bruno montara o aquário sozinho, escolhera e comprara seus peixes; às vezes, à noite, ficava um tempo sentado a olhar, enquanto eles nadavam na água luminosa.

Já dei de presente o aquário a um companheiro seu.

"Os formandos de 1980 das Escolas Mauá e Vera Cruz vêm convidar V.Sa. e família para as solenidades de sua formatura a se realizar no próximo dia 18 de dezembro, com a seguinte programação:..."

Os nomes dos professores, dos alunos. Procuro os dos poucos companheiros que eu conhecia. Três páginas cheias de nomes; só faltava o dele, embora se tenham lembrado de dedicar-lhe uma página inteira: "Bruno, tu permanecerás vivo em nossos corações."

O carteiro entrega uma carta endereçada ao Bruno. Contém o cartão que daqui a poucos dias o Bruno deveria apresentar no vestibular.

Tocaria a mim acompanhá-lo até o portão da escola, assim como, anos atrás, acompanhara seus irmãos mais velhos. O horário taxativo: às sete e meia fecha-se o portão, quem entrou faz o vestibular, quem chegou tarde fica de fora. Bem sei que o Bruno quereria que eu saísse de casa a uma hora absurda (e se furarmos um pneu?); os irmãos caçoariam dele alegremente.

"Opção única: Medicina."

XVI

Será que o pai vai me reconhecer?

Visita do Zé, o marceneiro, com a esposa. Só agora é que souberam. Boa gente, há muito tempo que nos conhecemos. Têm um filho excepcional; criaram-no com amor, como os outros. Já é adulto, e nos perguntamos quem cuidará dele quando os pais não estiverem mais, para quem ficará essa cruz. "Porque os meus pensamentos não são os vossos pensamentos, diz o Evangelho; os vossos caminhos não são os meus caminhos."

— Eu me lembro do seu filho. Uma vez, o senhor estava viajando, e a Dona Marion me chamou para consertar um armário. Ele ficou olhando o meu trabalho, mas me pareceu meio caladão.

"Perguntei em que estava pensando, e ele disse que tinha medo de que quando o senhor voltasse já não o reconhecesse."

Naquela época, o Bruno tinha cinco anos.

Até agora, procurando dentro de mim a sua lembrança, eu nunca recuava muito no tempo. Sempre era a sua imagem recente que eu queria: o Bruno como ele era no fim, como me faz falta agora. Desta vez, porém, fui olhar uma foto de quando ele tinha, justamente, cinco anos, uma foto diferente das outras suas de criança. Já tínhamos notado então, Marion e eu: "parece que o vemos como será quando crescido".

XVII

Não vê, pastor Wellmann?

—Não vê, pastor Wellmann? Tinha só cinco anos, mas um rosto que... olhava para a frente, eu diria. Porque todos os argumentos para me demonstrar a existência de Deus...

— Eu sei. Cada argumento pode ser replicado com seu contrário.

— Tem algo, porém, que argumento não é, e sinto que vale. É, digamos, esta foto. É a impressão de que nós, homens, sejamos feitos para uma vida que sirva para algo. Eu não quero dizer que ela seja imortal, mas que, ao menos, tenha uma finalidade. Uma finalidade que talvez acabe com a morte, mas que de certo modo continue em quem vem depois de nós. Como se a humanidade tivesse um certo caminho pela frente, e cada um de nós, por pequeno que seja, a ajudasse a prosseguir nesse caminho.

"Já seria alguma coisa. Para mim, que outra fé não tenho, bastaria. Morrer, sim, e para sempre, mas a vida existiu, teve um começo, um curso, um fim, foi razoavelmente direita, ou ao menos procuramos que assim fosse, e antes de nós viveu o nosso pai, e depois de nós vêm os filhos, e tudo isso faz parte de um conjunto que para algo deveria servir. De repente...

"Não estou falando, agora, da dor. O Bruno morreu, e a sua falta dói. Mas não é apenas isso. É que, entre os seres que eu amava, o Bruno era aquele no qual mais claramente eu sentia essa finalidade, a resposta ao por quê — e ele morreu.

"O senhor, no enterro, disse que dezesseis anos podem valer tanto como sessenta: está certo. Perante Deus, ou perante o nada, está certo. Certo, porém, para a minha razão, não para o meu instinto. O instinto era aquela finalidade. E, então, eu poderia envelhecer tranqüilo, vendo os meus filhos crescerem e viverem. Mas o Bruno morreu, e toda essa minha filosofia... não, não digamos grandes palavras — esse meu jeito de me acomodar à vida, de aceitá-la, acabou junto com Bruno. O senhor me compreende?"

— Não, eu não compreendo. Para mim, é diferente.

— Li uma entrevista com um cientista de renome, prêmio Nobel, parece-me. Perguntaram-lhe como encarava a hipótese do fim do nosso mundo e do homem. Nem é hipótese, cientificamente é quase uma certeza. Mas o cientista respondeu: não, eu não aceito. Espero que tudo continue. Se eu soubesse que vai acabar, ainda que dentro de mil ou cem mil anos... claro que naquele instante nada mais existiria de mim, mas a idéia do fim de tudo... não. Se soubesse disso com absoluta certeza, eu me daria um tiro agora mesmo.

"Creio que esse cientista pensava o que estou pensando. A necessidade de continuar, ainda que numa partícula infinitesimal..."

• 54 •

— Eu não sinto essa necessidade. Posso chegar a compreendê-la, talvez, ligada a um tempo breve: durar em quem nos conheceu. O Bruno, se tivesse vivido, conservaria dentro de si a lembrança do senhor, mas ele morreu. Entretanto, veja, eu também guardo em mim algo da vida do Bruno, embora não fosse meu filho.

XVIII

Momentos

Continuo folheando seu álbum. O primeiro dia de aula. E aquela corrida, quando deixou para trás os companheiros todos, voando em sua pequena bicicleta vermelha. E escondendo o rosto no ombro da mãe, para que não reparássemos que chorava (Marion estava por viajar para a Itália com os filhos mais velhos). E Bariloche, a alegria da primeira neve. E jogando-se no feno do alto da meda, e procurando os ovos de Páscoa escondidos no jardim. E essa raia que pescou em Imbituba.

E no Natal, cantando "Oh, Tannenbaum" junto com os irmãos, fixando, porém, o olhar aceso sobre o pinheirinho e os presentes. E puxando o fio da pandorga, e remando em Porto Belo. E seu sorriso feliz enquanto se esforçava por levantar o grande dourado pescado no Rio Iguaçu: aquele foi um dia memorável. Os dourados lançavam-se atrás da isca, cada um de nós já tinha pescado o seu, mas eu não me animava a dar a linha a Bruno:

— E se morde um dourado de vinte quilos? Capaz de te jogar n'água.

Mas bem vi a cara dele:

— Está bem, pega. — E o grande dourado mordeu, Bruno e eu o puxamos até a canoa; a poucos metros de nós, ainda deu um salto, brilhando no sol, e logo caiu espalhando água. Que sorte ter dito que sim ao Bruno, esse dia.

E pondo comida no bico desse pardal que caíra do ninho: o passarinho cresceu, pousava no braço do Bruno; ao sair para a praia, Bruno não quis confiá-lo a ninguém, levou-o na viagem, e mais tarde recebi esta carta: "Pai, na viagem de Porto Alegre a Porto Belo o meu passarinho morreu. Talvez por causa do barulho do carro: dizem que os passarinhos ouvem bem alto certos barulhos que nós nem ouvimos."

E os anos que passam depressa: o barquinho a vela, o surfe, um dia o esqui atrás da lancha dos amigos; depois os primeiros tiros, ei-lo na direção do jipe que avança n'água e na lama — não criança mais e sim rapaz, companheiro. No discursinho de praxe para a Confirmação — o almoço com os parentes, o primeiro relógio —, eu disse, mais ou menos, isto:

"Tu és menor, ainda estás na fase da admiração pelo pai. Já vai passar! Espero, porém, que continuemos bons companheiros. Então, junto com os votos que sempre se fazem numa Confirmação, deixa que faça outro pequeno, só para nós dois: que durante muitos anos ainda possamos gozar juntos os nossos alvoreceres no banhado. Antes era eu quem carregava a negaça para ti; agora já a carregas sozinho. Talvez em breve me ajudes a levar a minha. Até que chegue o dia no qual eu já não possa te seguir; esperarei por ti aqui em casa e na volta ficarei te ouvindo, a contar as tuas aventuras.

"Mamãe vai dizer que as caçadas nada têm que ver com a Confirmação. Brindemos, então, à festa de hoje: e que tu sempre possas lembrá-la como um dia sereno, no meio da tua família, todos com saúde, contentes e unidos."

E ainda surfe, e depois a prancha de windsurf, e tocando violão com a *collie* deitada aos seus pés. Tantas fotografias, tantas, olho-as uma por uma, e pouco a pouco a angústia me prende, porque bem sei que vão acabar de repente, a data já se aproxima. Não sabíamos que tínhamos pela frente apenas um ano. E logo só alguns meses. E alguns dias.

XIX

A foto para a carteira

Tantas fotografias, e nenhuma em cores. Sempre gostei mais do preto-e-branco, mas agora penso que o azul dos olhos do Bruno e a cor de seu rosto só ficarão na minha lembrança. Precisarei imaginá-los; talvez algum dia eu me pergunte: será mesmo que eram assim?

Ele tinha, porém, uma foto em cores: a de sua carteira de identidade.

— Por que mandaste fazer em cores? — perguntei, quando a mostrou.

Custava igual.

A carteira dele, bem novinha. Já era um adulto que necessitava de carteira: por enquanto, para o vestibular; mais adiante seria para tirar carteira de motorista, para fazer uma compra a prazo ou para abrir uma conta no banco. Deveria servir-lhe durante muitos anos; só serviu umas semanas.

Agora ela está na minha gaveta: nova, nem uma dobra nos cantos, e assim ficará.

Essa pequena foto pareceu-me sem interesse: uma dessas fotos corriqueiras para documentos, feitas às pressas. Basta que os olhos estejam bem abertos, que o rosto fique bem de

• 61 •

frente. Não um retrato no qual se procure algo mais: um sorriso, um olhar atento, uma expressão viva. Ela era em cores, porém: talvez valesse a pena mandá-la ampliar.

Fui à Foto-Flash. De quando é a foto? Dois meses atrás? Ainda devemos ter o negativo. Mostre-me o recibo. Não tem? Sem o número do recibo, não dá para encontrar. São centenas por dia, e o senhor nem sabe a data certa. Faça outra.

— O meu filho morreu.

O empregado olhou para mim.

— Hoje não, estamos cheios de trabalho. Amanhã é sábado. Fique tranqüilo, vou achar.

Entregou-me a ampliação.

— Quanto devo?

— Nada. Já falei com o patrão.

A foto está aqui. Talvez o rosto seja sério demais, mas é o rosto dele. A camisa é essa azul listradinha que bem recordo.

Vou procurar uma moldura. Nas casas velhas junta-se muita coisa que num apartamento não se conservaria. Aqui está a tabuleta do consultório do meu sogro: "Consulta 20$000; hora marcada 40$000". Era o mil-réis, a antiga moeda da qual os jovens ignoram até o nome. A moldura não serve, é pesada e escura. Um retrato de mulher, quem seria? A fotografia de um casarão de telhado em ponta, por certo num velho bairro de uma cidade da Alemanha. Houve um tempo no qual essa foto foi importante para alguém: lembrança da casa natal, talvez, de um avô ou bisavô. Hoje não significa mais nada para ninguém, e a moldura é da medida certa. Chegará o dia no qual alguém aproveitará mais uma vez a moldura, jogará fora o retrato de um rapaz loiro e sério (quem terá sido? Bem poderiam escrever o nome atrás.) Hoje, porém, o retrato do Bruno aqui está, na minha escrivaninha.

XX

O pato

Devo ter-me agitado durante a noite, porque o lençol escorregou. Acordei com o contato do cobertor e lembrei as noites na barraca, essa espera ansiosa do amanhecer.

— Tu também estás acordado? — sussurrava ele.

— Sim. Procura dormir, Bruno.

— Estás ouvindo a chuva? Amanhã vai ter cruzo.

Ele tinha a paixão das caçadas, mas não era dos que só querem matar. Lembro uma manhã de sol, cruzava algum marrecão. Ele matou dois ou três, logo disse:

— Basta. Agora vou fotografá-los.

Nesses tempos eu não me arriscava a levar a Minolta e a teleobjetiva ao banhado, pelo receio de molhá-las. Com a pequena câmera do Bruno, as fotos não saíram grande coisa, talvez o decepcionassem depois. Lembro, porém, a sua alegria naquela hora. Sempre era o primeiro a enxergar os marrecões que vinham de longe rumo às chamas.

— Pai, lá estão eles!

Encolhíamo-nos na negaça; eles vinham em picada, o Bruno levantava-se com o olho no visor da câmera, enquanto os marrecões desviavam rápidos.

• 65 •

E, na véspera da última temporada:

— Pai, será que está certo caçar? Ainda temos marrecões no congelador.

Nunca atirava em marreca pousada. Fazia-a levantar, gritando alegremente, a risco de errar o tiro.

Nunca atirava em bicho proibido. De vez em quando aparecia no banhado algum pato cinzento. Eu só matei um na minha vida, há muitos anos, quando a sua caça ainda era permitida. Hoje são uma raridade, e poucos caçadores resistem à tentação: depois escondem o bicho ou botam logo na panela.

Uma manhã, Paulo nos disse:

— Parece que tem algum pato. Se um deles cruzar, não banquem os santinhos, ouviram? Tu também, Bruno. Se vocês não atiram, o vizinho atira.

Bem cedo, ouvi dois tiros e dois tombos n'água. A cerração não me deixou enxergar.

Ao meio-dia, Paulo resmungou:

— Viram os patos? Vinham bem para o meu lado, logo dobraram para os montenegrinos.

Dois machos, grandes. O Bruno tocou-lhes o bico, a crista, alisou as penas verdes das asas. Eram os primeiros patos que via.

— E o maior é o que foi embora — disse o caçador. — Vocês não viram? Achei que fosse para o seu lado.

— Não vimos, não.

O Bruno disse-me depois:

— Claro que vi. Passou a dez metros da negaça, mas não atirei. Não diz ao Paulo.

• 66 •

XXI

A canção

Esta mania de registrar, esta incapacidade de viver simplesmente o presente. Ou, ainda que eu aproveite o presente, este terror de esquecê-lo. Obsessão de durar! Talvez a minha dor pela morte do Bruno não seja apenas porque ele não está mais, e sim porque a minha vida já de nada mais serve, porque eu também morri. Inútil, tudo que faço: colar mais uma foto no álbum, esforçar-me por esclarecer uma idéia e escrevê-la aqui, recortar do jornal um artigo. Para quê? Durar! Não quero me conformar com o instante fugaz, mas não existe outra coisa. Se aceitasse, se aceitasse mesmo, dentro de mim e não só com palavras, então poderia aceitar também a morte do Bruno, a vida dele, se estivesse aqui agora; penso nele adulto, ao lado de mim velho. Envelhecer seria fácil, então.

Fotografias, fitas... Voltava-se de uma pescaria, de uma viagem, os rapazes começavam a contar, eu pegava o gravador. "Não enche, pai!" — Essa fita que rodava incomodava-os, tirava-lhes a liberdade. Logo, porém, acabavam esquecendo.

Tenho uma gaveta cheia de fitas. Em muitas delas está a voz do Bruno: a sua voz de criança, depois de rapaz, de moço.

Essas fitas, porém, não consigo escutá-las. Posso olhar todos os dias as fotos dele, das quais o meu quarto está cheio: a última também, no caíque, tão bonita. Era uma manhã de cerração leve, os contornos do banhado sumiam aos poucos lá adiante.

— Que beleza! — sussurrou o Bruno, avançando lentamente na água clara (a quilha deixava atrás apenas um risco, logo apagado). A silhueta familiar: debaixo da viseira do boné, bem posso imaginar seu olhar atento. Foi naquele caíque que ele morreu, dias depois, e cada vez que olho a foto parece-me que Bruno está se afastando de mim, na cerração, para sempre. Ainda assim, eu gosto dessa foto.

Mas as fitas, não. A sua voz não é uma lembrança: parece que ele está conosco, presente, e não está mais. A ilusão é insuportável.

Sei que não se pode guardar e esquecer uma fita: se a gente não a escuta de vez em quando, ela perde a magnetização, apaga-se. Assim, duas vezes por ano ponho as fitas no gravador. Olho o que anotei em cada uma, a data, o lugar ("Na barraca em Dom Pedrito, 6 de julho de 78"); depois, baixo o volume até zero e aperto o botão. As bobinas giram, a fita passa pouco a pouco de uma para a outra, bem sei quais palavras poderia ouvir e penso nelas.

Agora cantam os grilos e eu digo: está na hora de dormir, Bruno. Oh, pai, vamos conversar ainda um pouco.

Ou aquela noite, quando o Fábio e eu voltamos de uma grande caçada no Banhado do Jacuí. O Bruno estava de cama (uma queda com o cavalo). E quis saber de cada detalhe. Vocês estavam bem no fundo, onde chegamos no ano passado? A água estava alta? Tinha capim-boieiro? O capim bastava pra segurar as chamas, ou tiveram de amarrá-las? De que lado entravam os marrecões?

— E justamente hoje tive que ficar de cama! Domingo vamos lá, não é?

— Não, Bruno. O Fábio não pode, e tu deves te cuidar.

— Eu estou bem, pai.

— Ouviste o que o médico disse. Ainda uns dias de molho, nada de pulos, de sacudidas... A estrada está cheia de buracos.

— A temporada já vai acabar...

— Ainda tens tantas temporadas pela frente, Bruno!

Tantas! Só mais uma, a última.

As bobinas giram, silenciosamente. Acho que não é apenas a voz dele que me magoa, com essa ilusão de presença viva; é também que as palavras gravadas são sempre as mesmas: eu poderia ouvi-las todos os dias, e não mudariam nunca; essa breve pausa antes de dizer "a temporada já vai acabar" seria a mesma, e assim esse leve tremor na sua voz (talvez estivesse por chorar, afinal ainda era criança). Sempre assim, exatamente assim, uma marca imutável na fita. Parece a voz dele, mas está morta, presa ali para sempre, como a borboleta no alfinete.

• 69 •

Há, porém, quatro versos, o começo de uma canção..

Naquela noite, João Grande e Mário armaram a barraca ao lado da nossa. O churrasco assava devagar, Mário dedilhava o violão, João Grande cantava. A canção começava assim:

"Sou caçador e amo a Natureza..."

Depois da caçada, durante o longo regresso, tentamos lembrá-la, mas não íamos além desse primeiro verso. Então inventamos os seguintes.

"Sou caçador e amo a Natureza,
gosto do campo e gosto do banhado,
do revoar das aves sobre o junco
e das coxilhas onde pasta o gado."

Depois da primeira quadra, começamos a caçoar do João Grande, da caça, dos caçadores e de nós mesmos.

"Gosto da chuva em cima da barraca,
do Minuano arrancando estaca..."

O Bruno sugeria uma variante, o Fábio outra, eu tentava pô-las em versos.

"Eu vou dormir com a roupa molhada,
saio no frio pra dar uma mijada..."

A primeira vez que nos encontramos de novo com João Grande, o Bruno levara o violão e cantou. A sua voz era

• 70 •

um tanto tímida, no começo (estavam também o velho Teodomiro, e Adi, grande caçador, e o capataz da fazenda), logo soltou-se, alegre. João Grande escutou, atento e sério, enquanto a canção tratava de campo e de banhado; depois deu-se conta da brincadeira e ficou até meio sentido. Para ele, a caça é quase uma religião. Os outros todos riam, e o Bruno estava feliz.

Essa canção está numa das fitas, eu deixo que passe em silêncio e penso naquela noite e na caçada do dia seguinte. Ficamos atolados com o jipe, não havia jeito de sairmos e já estava raiando o dia, então fomos a pé até o banhado, entramos no meio do junco num lugar que não conhecíamos. A água estava alta, e o fundo traiçoeiro, matamos poucos marrecões, e não pude juntar um deles, não consegui chegar até onde ele caíra.

Entre uma e outra música, porém, numa fita do Bruno, encontrei a primeira estrofe daquela canção: só a primeira, essa da qual João Grande gostava, voar de aves sobre o juncal e gado pastando nas coxilhas. Quatro versos apenas, e eu não estava lá para ouvi-los nesse dia. Ouço-os agora: é como se o Bruno os cantasse para mim. Parece-me que o vejo: cansado de livros, terá pegado o violão, acenado um motivo nostálgico e, logo, a meia voz, essas palavras: o campo, o banhado que amava. Como se, já distante e consciente, sussurrasse palavras de doce saudade.

XXII

A estrela

Os meus filhos querem que eu vá com eles para uma pescaria na Fazenda Boa Vista. Estão alegres, cantam. Eu penso no Bruno. Aqui, onde deixamos a estrada pavimentada, tocaria a ele dirigir: parece-me ver seu rosto radiante ao pegar a direção. Nessa volta da sanga ficamos pescando, uma noite. Debaixo desses álamos paramos para fazer um arroz-carreteiro, na volta de uma caçada. Quase não tinha aparecido marreca, mas ainda assim estávamos contentes.

— Olha, pai — tinha dito o Bruno de manhã, entrando no junco —, cada teia de aranha tem suas fileiras de gotas de orvalho.

Uma estrela cadente risca a noite. Depressa, um desejo. Mas só sai dizer: o Bruno! E Bruno não pode voltar.

XXIII

No ônibus

Sentada ao meu lado, no ônibus, uma mulher com uma criança de colo. Tão molezinha, tão frágil. O Bruno também era assim, há dezesseis anos. A mãe tem um rosto magro, cansado; estende logo a mão, atenta, para proteger a cabecinha da criança quando uma senhora, ao passar, está por tocá-la com a bolsa. No dedo, duas alianças. Morreu o marido, então, deixando essa criaturinha em seu lugar. Tudo pela frente, ainda: doenças, vacinas, o triciclo, o choro do primeiro dia de aula.

No assento dianteiro, um homem de uns quarenta anos e um guri loiro (volta da escola, tem a pasta nos joelhos). O pai lê um livro, atento. A uma pergunta do filho, nem vira o rosto: "Me deixa ler." Que livro será, que tanto lhe interessa? Se fechasse um instante, apareceria o título. Não aparece: o livro está cuidadosamente encapado. Deve ser uma novela, talvez um best seller qualquer: *Aeroporto, O Tubarão...*

O guri está aborrecido. Abre e fecha a pasta, estende a mão para que a sombra caia sobre um canto apenas do livro. Pouco a pouco, arrisca mais; agora, a sombra chega ao meio da página. Mas já vem essa voz irritada: "Pára com isso!"

• 75 •

Ele deve ser um vendedor. Na malinha está o nome de uma concessionária da Volkswagen. Talvez a leitura seja o oásis do dia, após horas de trabalho monótono. Mas a ponto de não enxergar seu filho?

Tira um instante os óculos para limpá-los, e a luz, passando pelas lentes, concentra-se sobre a folha num ponto brilhante. O menino repara: seria tão fácil interessá-lo, explicar...

O caíque, agosto de 1980

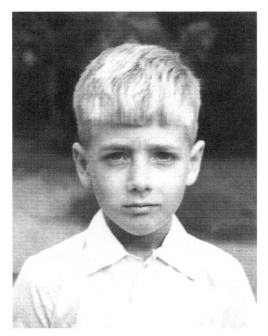

"Não vê, pastor Wellmann?", 1969

Estudando com o Gigio, 1975

A cria, 1983

A viola, 1974

O capuz, 1977

Na beira do Guaíba, 1977

No jardim, 1977

Aprendendo a velejar na baía de Porto Belo, 1976

Windsurf, 1980

Praia de Quatro Ilhas, 1978

XXIV

Por que esse dez em matemática?

Não fique sempre pensando, dizem.

Mas eu não quero afastar a imagem do Bruno e a imagem da sua morte. Elas voltam e voltam com a mesma pergunta: por que ele morreu?

Por que esse dez em matemática, se ele morreu? Por que vejo o seu barquinho cruzando o Guaíba, mas agora com outro no leme? Por que este transferidor no qual ele gravou seu nome — BRUNO —, se ele morreu?

Tudo na vida do Bruno tendia para um fim: ser homem, trabalhar numa profissão de que gostasse, ter uma esposa, filhos...

Mas tudo acabou de repente e para sempre: o Bruno morreu.

XXV

Primo Levi

Torno a ler o que escrevi ontem: por que o Bruno tirou esse dez em matemática, e logo morreu?

Se, porém, tivéssemos sabido que morreria naquele dia, teríamos acaso tentado mudar-lhe a vida? Teríamos dito: não estude, não vale a pena?

Escreve tão bem Primo Levi (*É Isto um Homem?*): "As mães, porém, ficaram acordadas para preparar com esmero a comida para a viagem, e deram banho nas crianças, e ao alvorecer os arames-farpados estavam cheios de roupinhas estendidas para secar. Será que vocês não fariam o mesmo? Se tivessem de ser mortos, amanhã, junto com seus filhinhos, será que hoje não lhes dariam de comer?"

E, mais adiante: "Sattler ainda não se deu conta (de que foi escolhido entre os que devem morrer) e lá está num canto remendando a camisa. Deveria acaso ir lá e lhe dizer que já não precisa mais de camisa?"

É isso. Se a morte tira o sentido de tudo o que a precedeu, então nada mais vale, só vale a morte. Mas se essa última refeição da criança judia ou esses minutos tranqüilos do condenado algo valem; se cada minuto da nossa vida vale para sempre, como se a morte não existisse, então vale tudo o que foi bom na vida do Bruno, e o pastor tem razão: "Mas na tristeza essa vida continua sendo um dom. Os anos que passamos com ele ficam como um tesouro."

XXVI

O Dr. Alfredo

Fui ao escritório do Dr. Alfredo para uma consulta. Fazia anos que não nos víamos. Uma vez encerrado o assunto de negócios, disse-me que soubera do Bruno.

— Sou um homem acabado.

O Dr. Alfredo tenta explicar-me que não há razão de desespero. Que, ainda sem acreditar em Deus assim como a religião o apresenta para nós, não é possível imaginar o "puro azar" na criação do universo.

Que nós também somos energia e, portanto, de algo derivamos e de algum modo continuaremos.

Falava sincero, emocionado. Para não me olhar na cara, levantara-se e falava olhando o rio ao longe, além da larga janela do escritório.

Agradeci. Para mim, porém — eu lhe disse —, tudo é mais simples.

Estendi-lhe as duas fotos que sempre levo na carteira.

Fitou-as um tempo, logo devolvendo-as bruscamente.

Os dois estávamos chorando.

XXVII

Dona Candinha
e os mistérios da ilha

Porto Belo foi o nosso paraíso durante muitos anos. Marion e eu o descobrimos numa viagem ao longo da costa: uma aldeia de pescadores numa grande enseada tranqüila, abrigada ao norte por uma ilha cheia de mato. Conseguimos comprar uma casa antiga: altíssimo o teto; o piso, de grossas tábuas de canela; as dobradiças das portas, feitas a mão uma por uma; na cozinha, um enorme fogão a lenha. Nada de luz elétrica; a estrada asfaltada, ainda um sonho: levávamos dois dias para chegar. Primeiro viajava Marion com as crianças; logo que começavam minhas férias, eu viajava também, descendo do ônibus na encruzilhada. Parece-me vê-los todos, correndo ao meu encontro.

Verões felizes. O barquinho a vela, as pescarias, os banhos — aqui, lá, conforme o vento, o mar e a vontade de nadar na água clara das enseadas fechadas pelas rochas, ou de mergulhar na espuma das ondas de uma grande praia branca.

Depois a estrada foi asfaltada, veio a luz elétrica, a aldeia encheu-se de veranistas, mas sempre encontrávamos a solidão dos cantinhos que só nós conhecíamos.

• 83 •

A velha Dona Candinha continuava trabalhando em nossa casa. Baixinha, miudinha, magra, brilhantes olhos pretos e a risada pronta. Chegava de manhã bem cedo, antes do alvorecer. Por que tão cedo, Dona Candinha? Mas ela ria: a sua hora era aquela. À noite, deixávamos a porta aberta para que aberta a encontrasse ao chegar: não havia ladrões na aldeia.

O caldo de peixe, os bolinhos que os meninos roubavam da frigideira, ao voltarem esfomeados do mar — e a Dona Candinha fingia-se furiosa e corria atrás deles, agitando a colher de pau.

E as histórias que ela contava da ilha, onde morara mocinha com a família. Viviam da mandioca que plantavam e do peixe que pescavam: havia tantas garoupas naqueles tempos; ainda não conheciam os arpões dos mergulhadores. Histórias de fantasmas, de um tesouro escondido, de escravos mortos e sepultados lá por seu dono malvado. Às vezes, lavrando a terra, o pai de Candinha encontrava caveira e ossos.

Por que deixaram a ilha? Justamente por causa do fantasma do "Padre da Ilha": um dia, aparecera ao irmão dela, Felício, e Felício adoecera. De quê? Convulsões. Voltaram à aldeia esperando que ficasse bom, mas nunca ficara.

• 84 •

XXVIII

A *Tusquinha*

Teria sido melhor nem voltar a Porto Belo este ano. Não tornar a ver esses riscos no marco da porta (e cada vez que pintávamos a casa, eu cuidava para que o pintor não os apagasse): ano por ano, a altura das crianças. As marcas com a anotação "Bruno" são as que começam mais baixinhas, ele veio aqui pequeno; pouco a pouco, elas subiram até o último verão. Já era quase tão alto quanto eu.

E a sua preciosa prancha de surfe, cuidadosamente guardada na capa; e a lista dos objetos para levar na pescaria. Na última linha, leio: "Lembrar gasolina do motor." Foi ele que escreveu, em sua letra clara.

A lápis. Já está meio apagado.

A *Tusquinha* está apodrecendo. Puseram-lhe pregos de ferro, em vez dos de cobre como combinado, que agora, enferrujando, comem a madeira. Absurdo, dizem, deixar o carro fora, na maresia, e o barquinho no galpão. Se já não vale mais nada!

Foi a nossa primeira embarcação. Lembro o dia feliz em que a lançamos ao mar, e a nossa falta de prática: esquecemos de pintá-la com tinta "envenenada", e no verão seguinte foi uma trabalheira raspar as cracas. Longas remadas para pescar além da ilha ou, à noite, na "Caixa d'Aço".

Depois compramos o motor e outro barquinho de alumínio, tão leve e prático para levar até a praia. Sempre dizíamos que voltaríamos a usar a *Tusquinha*, e certa vez o Bruno, no início da temporada, trabalhou um bocado para arrumá-la e pintá-la. Foi seu presente de Natal para mim: "...e a Tusquinha como nova", dizia o cartão.

A caixinha onde ele guardava os anzóis. Mas a gente não pode guardar para sempre os anzóis do Bruno: fomos tirando um a um, e já sobram poucos, enferrujados. No fundo da caixinha, a flâmula do barco a vela: foi ele quem a fez. Caprichadinha, com um arame de cobre ao redor, e a esse arame cuidadosamente fixada com náilon ponto por ponto.

Levarei a flâmula para casa. Guardarei na gaveta da escrivaninha, junto com os cadernos, as poucas cartas, as fotos. Só para mim. Depois, já ninguém saberá de quem era e para que deveria servir.

Será que não estou fazendo, do Bruno, um símbolo? Um símbolo de perfeição, de amor, para ser conservado imutável, enquanto ele foi apenas um rapaz como outros, que dentro de uns anos já se afastaria de mim — a universidade, a vida que endurece, a namorada, novos interesses só dele, diferentes já dos interesses de um velho pai.

XXIX

A pescaria e a carta da Dona Candinha

Hoje estou pescando além da ilha.

Está um dia bonito. O barquinho balança levemente, eu fico olhando o céu, o mar, a ponta distante da enseada; de vez em quando, sinto uns toques na linha, lá embaixo, e ferro uma corvinota ou um papa-terra. Dizem que Deus não considera, na contagem das horas de nossa vida, as que passamos pescando. Eu, porém, penso em outras horas, quando o banco da proa não estava vazio.

Uma vez, por exemplo, quando o Sepp veio visitar-nos, esperando uma grande pescaria, ele que nunca pegara uma linha na mão, e saímos antes do amanhecer na lancha do Chinelinho. Havia um pouco de rebojo, e Sepp logo me pediu o cantil.

— Não tome tanta água, Sepp.

Ele sacudiu a cabeça. Troquei um olhar com o Bruno: se Sepp já começava assim enquanto a brisa nos refrescava o rosto e a lancha cortava firme as ondas, que faria quando parássemos?

Dito e feito. Poitamos, e não passaram cinco minutos (as ondas longas subiam e desciam vagarosamente) quando Sepp prorrompeu:

— Não agüento mais.

Recolhemos as linhas, puxamos a poita, fomos para terra. Sepp pulou sobre uma longa rocha plana, que parecia feita expressamente para ele.

— Ao menos, pegue o caniço! — disse Chinelinho. Sepp, porém, já estava deitado na pedra e nem se mexeu. Pusemos ao seu lado um caniço e umas iscas, e tornamos a poitar.

O peixe não mordia. Quatro linhas na água funda: a de Chinelinho, a de Bruno, a minha e a de um tal de Chico, amigo de Sepp, que fôramos obrigados a levar junto. Quatro linhas bem iscadas com sardinhas e com bonito, e nem um toque de peixe. Sepp dormia tranqüilo na sua pedra, a cem metros de nós.

Para cima, para baixo. Se ao menos esse Chico tivesse calado o bico. Falava, falava e falava: caçadas e pescarias milagrosas, das quais sempre fora o herói.

— Para onde me trouxeram? Aqui não tem nada. Deveriam ter visto no verão passado, no Arvoredo. Enchemos o barco de garoupas.

O Bruno olhou para mim: seria tão bom se estivéssemos sozinhos! Para cima, para baixo. Eu já começava a ter inveja de Sepp, em sua pedra bem firme. Mas o enjôo dele já passara. Ele sentou, espreguiçou-se devagar, ficou um tempo olhando os rochedos da ilha, já toda iluminada pelo sol. Abanou para mim. Parecia sentir-se bem à vontade.

Eu não. Já engolira saliva mais de uma vez.

— Vamos embora, pai?

Acenei que não. Logo, porém, debrucei-me na borda.

— Cuidado com a dentadura! — disse Chinelinho.

• 88 •

Na aldeia não há dentistas, só na cidade, e custam os olhos da cara. Os pescadores deixam que os dentes estraguem, não vale a pena cuidá-los. Um dia, se der, comprarão a dentadura. De modo que, ao ver pessoas de idade com os dentes em boas condições, acham que têm dentadura postiça; seria uma pena cuspi-la no mar junto com o resto. Tranqüilizei Chinelinho: os dentes ainda eram os meus. O resto, não. Boiava, afastando-se lentamente.

— Marinheiro d'água doce! — Chico riu.

— Vamos embora, pai.

— Não é nada, Bruno. Só um pouco de engodo para os peixes. Agora é que eles vão morder.

Se os peixes se resolvessem, eu esqueceria o enjôo. Continuei de linha na mão, atento. Nada.

O Bruno tentou com o caniço pequeno. Logo a ponta vibrou, o Bruno ferrou suavemente, e um peixinho prateado brilhou na água clara.

— Que é isso? — perguntou Chico.

— Palombeta — respondeu lacônico o Bruno. Iscou novamente e logo ferrou outra palombeta, e outra. Chico também pegou um caniço fino e logo deu um puxão, mas a palombeta foi embora. O Bruno não perdia uma ferrada: uma torção leve do pulso, e toda vez o caniço arcava, a palombeta palpitava brilhando na água e logo voava no sol, até cair no balaio já cheio pela metade.

— Como é que consegues? — resmungou Chico.

— Anos de experiência — disse breve o Bruno, e logo ferrou mais uma palombeta. E eu olhava e ria, um guri de doze anos e esse gordo fanfarrão.

• 89 •

Para cima, para baixo. Sorte a de Sepp. Por fim, lembrou-se do caniço. Botou uma sardinha no anzol e jogou a linha n'água.

Um instante depois, ressoaram seus gritos: estava agarrado ao caniço que se arcava todo, até ficar com a ponta embaixo d'água.

— Uma anchova! — disse Chinelinho. — Uma anchova marisqueira, das grandes. Olha o jeito dele puxar! Será que nunca ferrou um peixe?

— Quebrou o caniço! — exclamou o Bruno.

Quebrara, um palmo abaixo da ponta, mas a linha não estava apenas amarrada: seguia numa fieira até a empunhadura. Sepp conseguiu pegar o seu peixe, que ficou se debatendo em cima da pedra.

— Viva, tio Sepp! — Entre as nossas vozes, a mais alegre era a voz aguda do Bruno.

Sepp, cheio de entusiasmo, iscou de novo. Como se certos golpes de sorte acontecessem todos os dias! Fazia horas que nós quatro estávamos ali, no melhor lugar, e o mar parecia deserto.

— Ô Sepp, que é que você quer mais?

A pescaria é um jogo. Não passou meia hora, e novamente se ouviram seus gritos: ferrara uma grande garoupa. A garoupa é um peixe que, ferrado, procura esconder-se entre as pedras e dá trabalho antes de vir à tona, se é que vem. Até um velho pescador pode perdê-la. Mas Sepp, num instante, botou a garoupa ao lado da anchova.

Entre nós, só Chinelinho ferrou outra garoupa na hora de ir embora.

• 90 •

Voltamos para casa, olhando a cada instante os três bonitos peixes no fundo da embarcação. A garoupa de Chinelinho debatia-se ainda: de vez em quando golpeava com o rabo nas tábuas.

— Ô, Chinelinho! — disse Chico.

— Patrão?

— Combinamos cinqüenta. Vou te dar mais dez, mas essa garoupa é minha.

— Claro que é. O peixe é de quem me paga o dia.

— Eu sei. Quero dizer: a garoupa, fui eu que pesquei. Está certo?

— Por mim... — Muitas garoupas tinha pescado Chinelinho em sua vida. Uma a mais, uma a menos...

Era domingo, no pequeno porto já havia várias lanchas, e a cada nova turma que chegava, acercavam-se os pescadores para ver se trazia peixe.

— Como é que foram?

— Fraco — respondeu Chico, com o jeito do velho pescador, acostumado a bem outros resultados. — Eu só peguei esta — e levantou a garoupa para que todos a vissem.

Mas a garoupa ainda estava bem viva e de repente deu uma rabanada, escapuliu-lhe das mãos... plaf! Ficou como que incerta um instante. Logo picou rumo ao fundo.

Como rimos nesse dia! Hoje, porém, eu estou sozinho.

Atrás da ponta da ilha aparece uma canoa com uma pequena vela quadrada que a brisa apenas tende. Tão bonita ela está naquela luz, contra o fundo escuro do mato. Aproxima-se devagar; o pescador, um velho, abana para mim.

Mas não quero prender-me a mais nada, não quero esquecer. Amanhã vou voltar para casa.

Dona Candinha escrevera uma carta, e imagino o trabalho que lhe dera. No começo, nem compreendíamos de quem era: uma assinatura desconhecida, Catarina Machado Mendes. Para nós, só era Dona Candinha. "De tão longa distância... (Porto Alegre, para ela, era o fim do mundo.) Sinceramente Acreditem que não Pude nem Posso ler a carta que recebi só eu sei quanto ele era Importante Dona Marion como Suportarei a chegada de vocês no verão e o Bruno não estará eu nem Posso lembrar como Brincávamos junto para mim ele era igual aos meus filhos peço a Deus que faça o possível para tirar seu filho de seu pensamento."

Apagá-lo da nossa memória? Nunca! Candinha chorava, naquele dia em que chegamos sem o Bruno, mas hoje canta alegre enquanto limpa o peixe na cozinha.

Eu só quero voltar para casa.

XXX

A radiografia

O Dr. Souto terminou o exame. Olha mais uma vez a radiografia. Sim, a operação é necessária. É uma operação bem simples, com mínima margem de risco, não devo preocupar-me.

Preocupar-me, imagine só! Ele não sabe que nessa margem de risco eu apostaria com vontade.

— Há outro aspecto, porém, do qual o senhor deve ser avisado: a prostatectomia torna estéril o operado. Não impotente, ouviu? Estéril. O esperma reflui atrás para a bexiga.

Ele faz um desenho, explica.

— Em suma: nada mais de filhos.

— Tanto melhor. Quanto a isso, encerrei há tempo.

Pede uns exames de laboratório. Alguns deles fiz recentemente.

— Traga-os.

"Médicos e remédios", está escrito numa pasta bem cheia. Aproveito a ocasião para jogar fora exames de urina de dez anos atrás, receitas de lentes já obsoletas, radiografias de ossos soldados há tempo.

• 93 •

Há também um envelope: "Bruno". Bem poderia jogá-lo fora sem olhar: não são essas as lembranças dele que contam. Reviso, porém, uma por uma, cada folha, antes de deixá-las cair na cesta.

A série de análises de anos atrás, quando uma estranha infecção intestinal parecia acabar com ele. Os médicos experimentavam um antibiótico após o outro, mas a febre não baixava, os exames não melhoravam, e o Bruno continuava definhando. Uns dias antes, levara-o à piscina. Ele não parara um instante, dava um mergulho e voltava depressa ao trampolim; agora, magro e fraco na cama do hospital, parecia ter tornado a ser criança, tomava obediente esses remédios todos, olhava-nos com olhos que no rosto chupado pareciam maiores.

Lembro que naqueles dias busquei um filme que mandara revelar, incluindo as fotos dos mergulhos. Uma havia, bonita, ele que se lançava do trampolim, parecia levantar vôo. Essa imagem me fez estremecer. Outra imagem eu tinha nos olhos — a do Bruno no hospital —, e vê-lo voar assim, de braços abertos, vê-lo "voar embora..."

E os dados do grupo de sangue: "Sistema ABO Grupo B, RH positivo." Dados que sempre tínhamos à mão, na minha agenda e na da Marion: como éramos prudentes!

E, depois da queda do cavalo, as palavras do tratador, que anotei para relatá-las exatamente ao neurologista ("ele não se mexia, mas tremiam-lhe as mãos, e revirava os olhos"), e os apontamentos dos dias seguintes: "Sonolento". "Vomitou mais uma vez." "Não recorda ter falado, ontem à noite, com o médico."

E a radiografia para o dentista que faria o aparelho corretor desse leve defeito nos dentes. Cortei em pedaços a radiografia, para que Marion não a veja. Depois, lembrando esse perfil, tirei os fragmentos da cesta, colei-os novamente e olhei-os em transparência, por cima desse retângulo de vidro opaco que o Bruno preparara, de modo que pudesse examinar meus negativos antes de decidir cortes ou ampliações. E, em papel vegetal, decalquei seu perfil. Ah, essa ilusão de encontrá-lo ainda nas imagens!

XXXI

"Foi lá"

Ao ver o cirurgião me fazer um sinal com a mão, pronto para começar o trabalho (enquanto eu mergulhava devagar na névoa da anestesia), e o seu olhar amigo por cima da máscara branca, senti-me preso novamente na engrenagem, naquela meta — viver —, como se um bicho-da-seda trabalhosamente tecesse ao redor de mim, com sutilíssimos fios, um novo casulo para proteger-me e convencer-me a durar.

Depois, uma semana no hospital, a assistência carinhosa da Marion, a lembrança comum de Bruno; era fácil pensar nele ali, onde nascera, onde fora internado aquela vez da infecção e onde talvez fosse trabalhar mais tarde, médico. Parecia-nos vê-lo, levando seu sorriso ao longo daqueles corredores.

O hospital, porém, fica no topo de uma colina, e a janela do meu quarto dava para o poente; todas as tardes eu olhava o pôr-do-sol e a planície distante, e procurava aquele ponto, à direita: "foi lá".

• 97 •

XXXII

O cachorro e o pulôver

Mais uma noite no ônibus. É a mesma estrada que fizemos de jipe há três anos, para irmos a Dom Pedrito. Era, para o Bruno, a primeira caçada de perdizes. Já muitas vezes fora comigo, ficara ao meu lado olhando a amarrada do perdigueiro, acariciara o Gígio, que lhe trouxera a perdiz, quente e macia. Dessa vez, porém, eu disse: "Amanhã és tu quem vai atirar." E juntos carregamos os cartuchos calibre 24, a espingardinha de cão que o meu pai me dera de presente havia quarenta anos e que agora era do Bruno. E ele tinha-me feito repetir mil vezes como é que se atira numa perdiz e que "desconto" a gente tem de calcular se ela sair de lado com o vento.

Assim, enquanto o ônibus viaja na noite, relembro essa caçada com o Bruno. Estava conosco um velho amigo, e durante a longa viagem de jipe contávamos histórias de grandes caçadas e de fiascos horríveis; a chuva que enche o arroio e impede a volta, façanhas de perdigueiros, o peão bêbado que puxa o facão...

O Bruno escutava calado, invejando-nos, quiçá, essas lembranças, ou pensando que algum dia teria as suas para contar.

• 99 •

Pântano Grande. O ônibus pára no Bar da Papagaia. Descem um a um os passageiros sonolentos, bocejando e espreguiçando-se, e entram no bar. Caminho até a cerca, encosto-me num moirão e olho o campo ao luar.

Lá mesmo tínhamos parado na viagem para a caçada. Lembro os cachorros que ganiam impacientes, farejando a grama brilhante de orvalho. Ao Bruno custava segurá-los, mas ele também ansiava pelo campo aberto e pelo dia que nos esperava.

Lembro-me dele mais tarde, dirigindo alegre o jipe pela estradinha de terra. Lembro-me da chegada à fazenda, dos cachorros ovelheiros latindo, do gramado onde armamos a barraca, na beira do mato e do arroio.

Ainda parece-me ver o Bruno, pálido pela emoção, de arma pronta ao lado do velho perdigueiro. Gígio estava imóvel, mas por momentos sacudia-o um leve tremor. E a perdiz não se resolvia a voar.

— Calma, Bruno.

De repente, um bater de asas, um tiro. Caiu!

Seu sorriso feliz.

À noite, no galpão, o churrasco no espeto. As histórias das aventuras do dia, enquanto a carne assava devagar, e de vez em quando uma gota de gordura caía chiando nas brasas.

Depois a barraca, ao luar.

— Vai dar uma geada...

Entramos nos sacos de dormir. A respiração quieta do Bruno ao meu lado: adormecera logo, estava cansado. Os ruídos leves do campo: ao latir de um cachorro, um longo grito: — Uh! Uh! — Que seria? Depois me lembrei: um corujão. Já o ouvira, fazia anos, num mato ao lado do banhado.

O luar infiltrava-se pela lona da barraca. Na cidade, nem nos damos conta do luar: tem as lâmpadas de mercúrio, os luminosos das lojas, os faróis dos carros. E à cidade retornaríamos no dia seguinte, mas hoje o que contava era o luar, a barraca, o grito do corujão, a primeira perdiz do Bruno.

Acordei de madrugada. Um frio... Que seria do pobre do nosso cachorro, fechado no jipe? O Bruno o tinha coberto com um saco, mas este escorregara, e Gígio todo enroscadinho tremia, tremia... Levá-lo para a barraca? Já era pequena para nós. Para o galpão? Os ovelheiros avançariam nele.

Peguei um velho pulôver, botei-o no Gígio, enfiando as patas nas mangas.

De manhã o Bruno acordou bem cedo.

— Olha, pai: está tudo branco de geada.

Bruno foi até o jipe para soltar o cachorro e voltou correndo:

— Pai, vem ver! O Gígio conseguiu botar um pulôver sozinho!

XXXIII

O violão

"MUSKIE AFIRMA QUE
OS COMUNISTAS SÃO..."

Uma manchete que já não significa nada, mas eu a via todos os dias, ao abrir ou fechar a janela. A maçaneta, gasta, já não segurava a cremona, e o Bruno a tinha fixado com esse pedaço de jornal. Talvez a solução não fosse elegante, mas servia, e até agora não me animara a tirar o jornal. Hoje, porém, a maçaneta estragou de vez.

Tirando os parafusos, pensei: foi a mão dele que os apertou.

Feito. Essa janela já é como todas.

E outro pequeníssimo vestígio do Bruno desapareceu. Ontem, joguei fora uma régua. Estava quebrada, mas fora dele. Dias atrás, dei de presente a Raymundo um saquinho de chumbo, já que acabei com as caçadas. No saquinho estava escrito: "Chumbo 6 Bruno". E um instante atrás, dei-me conta de que estava escrevendo estas linhas no verso de uma prova: "Escola de 2º grau Mauá — Física — 3ª série — 1º bimestre — Bruno Del Re — Nº 6, classe 303".

Mensagens, de vez em quando, ainda me chegam, cada vez mais raras. Logo acabarão, porque cada um de nós deixa certo número de marcas, não mais. Até as estátuas de

Michelângelo, até as sonatas de Bach, restaram aquelas, e nenhuma mais, nunca, depois que eles morreram. Assim, as pequenas lembranças do meu filho.

Por que, hoje, vi no cabide esse casaco que o Bruno usava quando guri? Será que a faxineira lá o pusera, tirando-o do roupeiro?

Em todo caso, lá estava. Algo no bolso direito: um lenço. Outro limpo, dobrado, no bolso interno. Ninguém, então, tinha mexido nesse casaco depois do Bruno; de outro modo, os lenços teriam sido retirados. Antes de pôr a mão no bolso esquerdo, o último, rezei: me dá algo, Bruno. Algo teu.

Só havia um papelucho dobrado: "27 27 42 Neusa. Rua Demétrio Ribeiro, 1.648 apart. 113 — de 9 em diante. Preço Mesbla 3.499,00."

É o endereço onde fomos juntos comprar o violão: o Bruno tinha lido o anúncio no jornal. Só isso? Logo me lembrei daquele dia: a emoção do Bruno, o receio de não ter o dinheiro todo (por isso me pedira para acompanhá-lo, para que o ajudasse a baixar um pouco o preço, e anotara o que custaria um violão novo na Mesbla). E quando pegara o violão e ensaiara uns acordes para experimentá-lo, meio sem jeito; e sua alegria ao levá-lo para casa. Esse papelucho talvez já seja uma mensagem para mim: lembra, justamente, a sua alegria, e também a sua certeza, a sua confiança, a um velho pai triste que já não acredita em nada. Lembra que em algo, talvez, a gente deva acreditar.

XXXIV

Vem comigo no meu barco azul

Um dia ele quis me levar na prancha de windsurf. A prancha não é feita para dois, disse, mas hoje tem pouco vento.

Deitei de bruços, com o nariz a um palmo dos seus pés. O Bruno estava alegre, cantava.

Vem comigo no meu barco azul,
vou te levar
pra navegar
nos rios da Babilônia!

Eu olhava a água que corria sussurrando ao lado da prancha e aqueles pés descalços, aqueles tornozelos grossos. "Tenho pulsos e tornozelos de colono" sempre dizia alegre o Bruno, único troncudo entre os esguios irmãos. Desde que morreu, uso seu relógio; a pulseira fica larga para mim, mas eu não quis encurtá-la. Cada vez que o relógio gira no meu pulso, penso em Bruno.

É estranho que haja objetos dele que uso todos os dias (o relógio, a máquina de escrever) e outros cuja vista corta-me o coração: seus cadernos, sua espingarda, seu boné, o barquinho a vela que às vezes vejo ao longe, com a vela branca e azul, como o via então, quando eu ficava esperando na praia. Mas já não é ele que está no leme.

> Vou mostrar as coisas que tem lá,
> eu vou te dar
> o meu amor
> nos rios da Babilônia.

Uma canção em voga naquele ano. Aqui está, escrita numa folha de caderno, mas não na caligrafia do Bruno. Foram seus companheiros da escola que a escreveram às pressas para decorá-la, no dia do enterro. Sabiam que o Bruno gostava dela e resolveram cantá-la, mas eles choravam, e o pequeno coro apagado não chegou à segunda estrofe.

Conseguiram cantá-la uma semana depois, na igreja, na missa em lembrança do Bruno. Prepararam-se, trouxeram os violões.

> Vamos ver os templos e os jardins,
> o astrólogo e o caçador,
> sentir o calor do vento
> aquecer nosso amor.
> Vamos ver,
> vamos ver...

Agora era uma suave canção, cheia de saudade. As lágrimas nos corriam pelo rosto. Muitas coisas poderiam "ir ver" ainda os companheiros, mas ele não mais as veria.

Não era assim, porém, que o Bruno cantava essa canção: havia tanta felicidade em sua voz triunfante.

Há poucos dias vi uma das moças que então cantavam e choravam, e me pareceu diferente. Correu ao meu encontro, e em seus olhos vi acender-se a lembrança do Bruno. Eu pensava, porém, que nós ainda estamos aqui, em nossa vida de todos os dias, que passa e nos muda, e ele continua no seu "barco azul", nos rios da Babilônia, sozinho e feliz.

XXXV

Montale

Morreu Montale. Ao lado do necrológio, o jornal publica uma das últimas poesias.

Já que a vida foge,
onde poderemos ocultar, se quisermos sobreviver,
os objetos que nos pareceram
parte não perecedoura de nós mesmos?
Fomos felizes um dia, uma hora, um instante,
E isso poderá ser destruído?
Há quem diga que tudo recomeça
igual como uma cópia. Eu não acredito
nisso, nem como desejo.

Hoje, o filho de um amigo pediu-me emprestado o caíque. Veio procurá-lo, com um companheiro. Do galpãozinho ao lado do rio, onde ninguém mais mexera nele, trouxeram-no pelo jardim, assim como o Bruno e eu sempre o trazíamos. Viraram-no para carregá-lo no bagageiro, e da borda saiu uma pena de marrecão, caindo devagar aos meus pés. Quando, partido o carro, inclinei-me para pegá-la, porém, a leve brisa já a tinha levado.

XXXVI

As crianças da Carla

Carla, nossa sobrinha, vem visitar-nos trazendo as crianças. Outras crianças pelo jardim, andando de bicicleta ao redor dos canteiros, ou juntando barbas-de-pau para o ninho dos ovos da Páscoa. Correm, gritam alegres. E Carla tem uma barriga enorme: espera o terceiro filho.

São as nossas crianças, porém, que torno a ver, o Bruno especialmente, e esta repetição me irrita. Bem pode Marion sonhar com os netos; para mim, o relógio parou naquele dia. Não tenho o menor desejo de dar-lhe corda de novo.

> "Há quem diga que tudo recomeça
> igual como uma cópia. Eu não acredito
> nisso, nem como desejo."

XXXVII

A mensagem

Folheei um livro que não abria fazia tempo: *Ter ou Ser*, de Erich Fromm. Na página 117, um cartãozinho como marca. Sim, bem recordava esse trecho:

"Muitos, a maioria talvez, não se contentam com ver uma montanha. Em vez de vê-la, prefeririam saber seu nome, sua altura. Ou poderiam querer escalá-la, o que é outra forma de possuí-la. Mas alguns podem verdadeiramente ver a montanha e apreciá-la."

Marquei esse trecho, porque me atingiu. Eu não pertencia ao pequeno grupo dos eleitos, aos quais basta ser, sem necessidade de ter: olhar a montanha para serem felizes. Eu era como todos: a montanha, queria tê-la. Escalá-la, ou ao menos fotografá-la, para levá-la comigo.

Logo olhei o cartãozinho. Era um cartão de Natal do Bruno, de muitos anos atrás. Bruno devia ter trabalhado nele um bocado: o desenho, um tanto incerto, de uma velinha de Natal, era reavivado por pedacinhos de papel colorido, cuidadosamente colados ao seu redor.

"Nem sei como *agradecelos* por tudo o que vocês me deram. Tenho uma vida muito feliz. Um abraço do Bruno." Logo se lembrara do Natal e acrescentara: "Feliz Natal."

Ao lado da assinatura, um bonequinho sorrindo.

Nada de datas, mas a caligrafia de criança e o erro de ortografia fazem-me pensar que o Bruno deveria ter sete ou oito anos.

Uma "mensagem", essa também? Para lembrar-nos, mais uma vez, que a sua vida fora feliz, e que ele era consciente disso, desde criança, e nos agradecia pelo papel que tínhamos nessa felicidade?

E essas palavras quanto à montanha, que o cartão marcava, será que não faziam parte da mensagem? Conseguir viver em paz, conseguir enxergar o que temos ao redor de nós. Durante mais de um ano, vivi quase sempre encerrado no meu quarto e na lembrança do Bruno, enquanto continuava o pôr-do-sol no rio,

"e o revoar das aves sobre o junco".

XXXVIII

O sabiá

A nossa casa é velha, longe do centro, no meio de um jardim que chega até o rio. O lugar certo para criar a gurizada, vê-la andando de bicicleta, pescando, nadando, jogando bola no gramado. Agora já estamos sozinhos, Marion e eu, e a casa ficou grande demais. Talvez devêssemos nos mudar para um apartamento no centro, sem preocupações de caseiro e de encanamentos, de telhas quebradas e de comida para o cachorro. Chavear a porta na hora de sair, descer pelo elevador, avisar o porteiro que nos vamos, por uma hora ou por um mês.

Mas esta é a nossa casa. De manhã, o sol entra pelas janelas da frente, à tarde pelas dos fundos, do lado do rio. Logo damos uma espiada no céu: sim, vai ser um pôr-do-sol bonito. Então caminhamos até a praia, ficamos olhando o horizonte, as nuvens rosadas por cima das coxilhas, o grande rio onde, antes, esperávamos a volta de uma pequena vela.

O jardim está cheio de pássaros. Sabiás, bem-te-vis, joões-de-barro, pardais, corruíras, tico-ticos. Parece que nem mais reparamos nos seus cantos, mas se de repente calassem estranharíamos o silêncio. Por vezes ouve-se um cantar dife-

• 115 •

rente: alguém chegou de visita, um pombão talvez, ou um bando de anus pretos, ou de rabos-de-palha.

O canto mais bonito é o dos sabiás, e o nosso bairro chama-se, justamente, Morro do Sabiá. Sempre era o Bruno quem ouvia o primeiro sabiá da primavera, quando parece que ainda não decorou a canção toda; acena só alguma nota incerta, como se tivesse de afinar um instrumento havia tempo silencioso e relembrar as palavras da mensagem. Depois, pouco a pouco, forma-se a canção, uma longa série de notas gloriosas, e já não é um sabiá apenas que canta, são todos os sabiás de todos os jardins e do morro.

Este ano parece que os sabiás não querem mais cantar. Eles continuam lá, bicam as ameixas, saltitam na nossa frente pelo gramado, pousam nos galhos mais baixos do jacarandá, mas não cantam. Agosto já vai acabando, os dias estão quentes, as árvores em flor, e ainda não cantam. Será que eles também não cantarão mais?

Cantam. Hoje, 29 de agosto, bem antes do alvorecer, ouvi cantar o primeiro sabiá.

E Marion chorou ao ouvir o sabiá, porque pensou no Bruno. Eu também pensei no Bruno, mas esse canto fazia-me bem. Pergunto-me se a Marion e eu não reagimos de maneira oposta ao fim do Bruno: ela, tentando esquecê-lo um pouco, numa atividade que chega a ser febril; eu, pensando nisso a cada instante e procurando compreendê-lo, e, de certo modo, fazendo-o entrar na minha vida, vivendo junto a ele. Assim, ambos conseguimos continuar, mas para ela um cantar do sabiá é um brusco retorno ao que perdeu; para mim, uma doce lembrança do que continua presente e que vale.

XXXIX

A limpa no "quarto das caçadas"

O "quarto das caçadas" está vazio. Marion diz:

— Tu nunca te resolvias...

A verdade é que ela quisera poupar-me um trabalho que sabia ser penoso: olhar, tocar, guardar todas essas coisas que foram parte da minha vida feliz.

— Eu não joguei fora nada. Está tudo dentro dessas caixas de papelão.

Cada objeto tinha seu lugar: o Bruno e eu poderíamos encontrá-los de olhos fechados.

— Fiz mal?

— Não.

O meu olhar procura a foto do nosso perdigueiro amarrando uma perdiz. Essa foto o Bruno pendurou na parede, mas ela também se foi. De resto, já decidíramos derrubar o tabique, mudar o piso, abrir outra janela, para fazer aqui a moradia dos caseiros.

A mesa ainda está. Sento-me a ela: quantas horas passei ali com o Bruno, carregando cartuchos. Sempre estava entulhada: a balança, a tigela e as medidas para a pólvora e o chumbo, o funil, as espoletas, as buchas... Agora está vazia.

Em breve servirá à esposa do caseiro para fazer a massa, cortar cebolas e tomates.

De repente, reparo num rabisco a lápis no tampo da mesa. Um desses bonequinhos do Bruno, como o do cartão de Natal. Dos meus filhos, Bruno era o único que não sabia desenhar mesmo. Em seus álbuns, em seus cadernos, sempre apareciam bonecos como este, e não mudavam, embora passassem os anos.

Este, porém, chegou-me como um pequeno sinal: como se o tivesse rabiscado às pressas há um instante, para que eu o encontrasse.

XL

O clube de tiro ao prato

Para o salto em altura, o Bruno tinha grande disposição. Li que, na China, quando as autoridades resolveram desenvolver o esporte, selecionaram todas as crianças com certa idade que conseguissem pular uma altura determinada, esperando-se, assim, descobrir os futuros campeões. Se Bruno tivesse nascido na China, na certa o escolheriam. Mas ele nascera no Brasil e nunca dera bola para competições, nem quisera adotar o estilo de salto ventral ou dorsal. Só competia consigo mesmo e pulava como queria: não apenas por cima do sarrafo, mas também de obstáculos largos, ou de séries de dois ou três, como se vê nos concursos hípicos. Fecho os olhos e enxergo. Descalço, aqui na frente de casa, calcula a distância, parte, corre, dá o pulo e voa leve; mesmo no esforço, ri feliz, e os loiros cabelos ondeiam no vento. Bruno, pura alegria.

Certa vez, levei-o ao tiro ao prato. Já caçávamos juntos, ele conseguia derrubar quase todos os marrecões que vinham ao seu encontro (é o tiro mais difícil, o "tiro do rei") e errava os mais fáceis, que cruzavam à sua frente. Bastaria apenas aprender a calcular o "desconto" certo. Em poucas sessões de *skeet*[5], conseguiria.

— Vou fazer um papelão. Na frente de todos esses cobras...

Os atiradores sucediam-se na pedana. Coletes forrados de camurça no ombro, protetores de ouvido, cintilantes espingardas mandadas fazer sob medida. Tomavam posição cuidadosamente, ensaiavam pontaria; logo, sérios, gritavam:

— Pull!

E os pratos saíam chispando. Pam, pam! Uns, atingidos em cheio, pulverizavam-se, outros perdiam um canto, outros seguiam sua trajetória e caíam longe, intactos, no gramado.

— Não vês, Bruno? Nem eles são infalíveis.

Agora era a vez dele. Começou a atirar. Acertou uns pratos, errou outros.

— Insiste nos pratos que vêm de través, Bruno. Se pegas o jeito, não vais errar marrecão nenhum.

Mas ele disse:

— Basta. Só tenho quatro cartuchos. Quero me divertir.

Fez sinal que largassem dois pratos de uma vez. Não de lado: um de frente, outro de trás.

— Pull!

Pam! Para baixo os dois.

— Assim não vale — disse o encarregado que anotava os pontos. — Acertaste um prato, e, por casualidade, o outro. O dublê deve ser com dois tiros.

— Posso experimentar outra vez?

---

[5] *Skeet*: modalidade de tiro ao prato na qual os pratos são lançados lateralmente.

— Pull!

Pam, pam! Para baixo os dois, de novo.

— Escuta, quantos anos tu tens?

— Quinze.

— Onde é que atiravas, que nunca te vi?

— A primeira vez foi hoje.

— Não brinque.

— Bem, já atirei nas caçadas. No prato, é a primeira vez.

— Mas, então, entra de sócio no clube. Tens direito aos cartuchos pela metade do preço, atiras quanto quiseres, e todos os domingos tem competição. Continuando assim, vais para o campeonato brasileiro!

Depois, no carro, o Bruno me disse:

— Pai, hoje me diverti bastante, e ainda me divertiria por um tempo, mas e depois? É sempre a mesma coisa. Não vale a pena.

— Poderias ganhar um monte de prêmios...

— Ah, pai, eu não ligo para isso.

Gozar do presente sem pensar cada vez: passará, esqueceremos. Sem essa necessidade de agarrar, de guardar: anotações, fitas, fotografias, ou talvez taças e medalhas. O presente já basta. Bruno, com dezesseis anos, sabia disso. Eu, com sessenta, ainda não aprendi.

Se aprendesse, viveria sereno os anos que ainda tenho pela frente, aceitaria a morte dele e a minha. Só assim o dom que foi Bruno poderá continuar vivo: se eu conseguir sentir a alegria do Bruno dentro de mim.

Devo, porém, libertar-me do fardo acumulado nestes anos todos: lembranças que não quero perder, esperanças, pretensões — sim, essa pretensão absurda de durar. E desejá-lo não basta; nem basta chegar a isso com a razão. Eu deveria, de repente, sentir-me assim por dentro: leve, livre, sereno. Quase uma iluminação, uma graça.

XLI

A paróquia

O pastor Wellmann escolhera a paróquia mais pobre, um arrabalde do qual lemos quase diariamente notícias de assaltos, de violência, de crimes horríveis. A sua porta sempre está aberta, e bem cedo toca o sino da igreja, que é uma salinha caiada com fileiras de bancos. Pouca é a gente que vem: hoje só duas pretas velhas, um rapaz, uma senhora idosa que deve ter conhecido tempos melhores e um pobre coitado com um sorriso meio bobo; para ele, mais do que o culto talvez conte o café quente, logo depois, na mesa do pastor. Perante essas cinco pessoas (e a mim), Wellmann celebra o culto como se o seu altar estivesse no meio de uma igreja luminosa, cheia de fiéis. E na salinha elevam-se essas poucas vozes cantando os hinos de Deus, e a Deus uma das velhinhas dirige a sua prece.

— Rezo a Ti, Deus de Misericórdia, pelo meu cunhado que está no hospital e sofre: lembra-Te dele, deixa que volte para casa, onde a família o espera.

No muro do pátio ainda se vê um desenho do Bruno: pássaros voando — cegonhas, imagino, já que têm longos pescoços esticados —, e, embaixo, bem reconheço a caligrafia dele, o lema:

"Preserve o que é de todos."

O Bruno passara aqui uma semana e conhecera esta gente: mães que levavam ao consultório crianças com a barriga inchada de vermes, ou que entregavam ao pastor Wellmann umas laranjas e um maço de cigarros para os filhos na cadeia de Charqueadas.

— Tinha uma guria com um olho fechado, o pai bateu nela. E parecia uma boa guria.

Talvez seja daqui que o pastor Wellmann retire a esperança que o sustenta. Daqui: da irmandade e da dor.

Eu também tenho a minha dor, mas na dor eu me fechei, como se ela fosse uma injustiça que só tocara a mim.

XLII

A viagem

Voltei à Itália, depois de muitos anos. Voltei porque Inês sofrera uma trombose. Inês fora a nossa cozinheira quando éramos crianças, mas ela continua me tratando de "Signorino". Passaram cinqüenta anos, e criei raízes no Brasil, mas nunca deixou de chegar-me a cartinha dela para o Natal, a Páscoa e o meu aniversário. Ela soubera do nascimento dos meus filhos, da morte dos meus pais e da de Bruno, e as suas cartas breves, na caligrafia vacilante do terceiro primário, sempre diziam as palavras certas, que me faziam bem.

Assim, quando da aldeia vêneta recebi uma carta escrita por outra mão ("a tia está no hospital. Naquela manhã, tinha ordenhado a vaca como sempre..."), resolvi-me à viagem, antes sempre adiada. Isso ao menos aprendi: que a nossa escala de valores é só nossa, que devemos escutar o que nos diz o coração. Soube de um médico que, depois de passar vinte anos curando doentes de câncer, de repente diagnosticara câncer avançado em si mesmo. O que a gente sente, perguntaram, ao saber que a morte está perto? Ele respondera: mais que a mágoa das oportunidades perdidas — dinhei-

• 125 •

ro, carreira —, pesa a lembrança da vez que xingamos injustamente um enfermeiro ou desapontamos um colega...

— Conheces ele, Inês?

— É o meu patrão.

— Mas, então, por que choras?

— A gente pode também chorar "de glória".

Procurar pessoas e lugares nunca mais procurados nas viagens anteriores. A casa onde nasci: nem sabia bem onde ficava, até que um dia achei o endereço num cartão-postal. Um velho edifício, perto da estação: talvez já tivesse morado lá o meu avô, que trabalhava na Viação Férrea. O apartamento seria de frente ou de fundos? Algo me diz que as janelas davam sobre o pátio. Passo pelo portão; o zelador apenas levanta o olhar do jornal que está lendo. O pátio é triste, afundado entre altas paredes.

O zelador agora olha para mim. Vamos embora. Não vale a pena dizer: Só queria olhar. Morei aqui de 1922 a 1925.

Tia Clara. Fui, creio, o sobrinho preferido, e gosto de lembrá-la como ela era, cheia de vida, pronta a jogar-se como um furacão em qualquer discussão. Agora é apenas um corpo magro vegetando, um rosto torcido, acabado.

— É o Luigi, mãe! É o Luigi!

Por fim, ela levanta o olhar vagarosamente, mas é um olhar apagado, que não me vê. O nosso dia é tão breve.

XLIII

Cláudio e os elefantes-marinhos

Península Valdês (Chubut, Patagônia)
30 de agosto de 1982

Machos adultos   1
Machos jovens   2
Fêmeas   7
Crias   1

Cláudio guarda suas anotações.

— Ainda estamos no começo. Dentro de algumas semanas, você vai ver a praia cheia de fêmeas e crias. Aquele macho velho — é fácil de reconhecer, tem um dente torto à vista, do lado esquerdo, reparou? — no ano passado tinha um harém de vinte e três fêmeas.

Olho com o binóculo a cria recém-nascida. Tem pêlo preto e brilhante, pretos e brilhantes os grandes olhos.

Noite. O vento assobia, e da praia vem, por momentos, o grunhir de um elefante-marinho; a longos intervalos, o bufar de uma baleia — estranhos ruídos de fundo para os acordes solenes da missa gregoriana, a fita que Cláudio pôs no gravador. Ele está revisando as anotações do dia: copia-as e

• 127 •

comenta-as num grosso caderno. A luz é bem escassa, só uma lamparina de querosene. Há pouco, no jantar, imaginei apanhar um pedaço de pão e deparei-me com o crânio de uma cria de lobo achado hoje na praia.

— Quer repetir-me esses versos?

— *Morir, y joven. Antes que destruya*
el tiempo leve la gentil corona...

— Por que "leve", o tempo? Talvez porque chegue com passo tão suave que não nos damos conta de envelhecer? Antes que o tempo apague o dom da juventude. Em meu filho, não chegou a apagá-lo.

— Nem em você. Acho que o poeta, dizendo "morrer ainda jovem", entende-se: "jovem de espírito". E, para mim, ser jovem de espírito significa ter algo a dizer.

— A você, parece tão importante dizer alguma coisa. E a quem? Eu necessito dizê-la principalmente a mim mesmo.

— Aos demais também. Essa é a única maneira de durar. Essa idéia sua de "durar nos filhos" não tem sentido biologicamente. Do conjunto dos meus genes, o meu filho receberá metade apenas; o resto receberá da mãe. Não se renasce nos filhos; menos ainda nos netos ou bisnetos. Depois de três, quatro gerações, que é que sobra de nós, biologicamente? Nada.

— A mim, bastava o meu filho.

— Eu sei. Mas na natureza há mais morte do que vida. Quando hoje caminhávamos pela praia, era por cima de um cemitério que caminhávamos: restos de algas, de animais mortos, seixos que o mar está destruindo aos milhões, a cada instante, e cada um deles era único, um grupo de átomos

diferentes dos do seixo ao lado. A morte deve ser aceita.
Outro é o caminho para durar, mas eu não acredito em muitas coisas...

— Acredita, sim. Hoje caminhou dois quilômetros a mais, naquela areia mole, pelo receio de ter errado na contagem de um grupo de elefantes.

— Isso não vem ao caso. Para tocar adiante, precisamos ter um pouco de respeito por nós mesmos. Realmente, eu não acredito em muitas coisas. Se, porém, leio Darwin, ou Lorenz... Eu era médico; tornei-me biólogo. Lorenz está perto dos oitenta anos, deve ter filhos, netos, mas é em seus discípulos que continuará a viver: em mim, por exemplo. Nem me conhece, mora 14.000 quilômetros longe de mim; no entanto, transformou a minha vida. Para durar, deve-se ter algo a dizer. E você tem algo a dizer.

— A quem? A mim, esse jeito de durar não interessa. Mas... você sabe, Cláudio? Esta manhã, ao olhar essa cria de elefante-marinho, eu estava quase feliz.

XLIV

"Gaviotines-golondrinas"

31 de agosto de 1982. Forte vento, mar agitado, branco de espuma, uma luz bonita no céu da manhã. Há dois anos, mais ou menos a esta hora, Bruno morreu. Hoje Marion irá ao cemitério e porá uma flor aos pés dessa lápide: "Bruno Del Re — 4/12/63 — 31/8/80".

Passa um bando de "trinta-réis": chamam-nos, aqui, "gaviotines-golondrinas" e realmente eles têm algo de andorinhas, com suas longas asas pontudas, suas caudas em forma de tesoura. São tão leves, avançam sem esforço contra o vento.

XLV

O velho amigo

Antes de sair mais uma vez para a Patagônia, fui despedir-me do velho Gavioli.

— Na tua volta, vamos ver as fotos!

Ele não as viu. Cada um de nós tem a sua hora, e a hora do Gavioli tinha chegado.

Conhecia-o havia tantos anos. Antigamente, sempre passava pela sua farmácia ("Entrou marrecão, senhor Gavioli?"); depois começaram aquelas conversas tranqüilas na casa dele, aliás, na garagem, que se tinha tornado, creio, o seu quarto preferido, com o armário das espingardas, as fotos dos perdigueiros nas paredes, o banquinho de açoita-cavalo para a negaça, os couros de cascavel, de quando ele plantava café no Paraná. Gavioli sempre tinha trabalhado duro, desde criança, órfão de pai. As histórias de seus tempos de caixeiro-viajante, nos cafundós do Rio Grande e de Santa Catarina, dariam para encher um livro: viagens de meses, com trinta ou quarenta mulas levando as amostras da mercadoria; com as Winchester 44 bem à vista, nas terras do "Contestado", sem governo e sem lei; os perdigões atirados para fazer um "revirado" rápido ao meio-dia, sem descarregar as mulas; e o peão que avisa, à noite: patrão, a pintada está aí. Sim, trabalhara duro, mas nunca ficara rico. Contentava-se com a sua vida modesta, os bons amigos, as ca-

• 133 •

çadas do fim de semana. Quantos de nós levam consigo a amargura das esperanças frustradas, da velhice que chega... Gavioli, eu sempre o conhecera sereno, mesmo nos últimos anos. As boas lembranças eram a sua companhia; quando não dava mais para varar o banhado atrás do marrecão, ainda dava para estar junto com os amigos na viagem, conversar tranqüilo ao lado do fogo do churrasco, dormir na barraca, ouvindo, lá fora, o grito do tachã e o assobio das caneleiras; levantar com os outros de madrugada, tomar o chimarrão e caminhar até a última taipa, na beira do banhado, olhar o amanhecer, as garças e as colhereiras que passam lentamente, o cruzo do marrecão, lá longe: aí vai, talvez passe pela negaça do Cassiano.

A velhice tinha chegado. E com isso?

— Estou realizado — dizia-me o Gavioli, e nos últimos tempos, quando quase não saía da cama, acrescentava, sorrindo: — Já estou na porteira! — A porteira de saída da fazenda, essa de onde nunca se volta.

Terei saudade, mas pensarei nele sem amargura. E continuarei vendo-o conversar com o meu guri:

— Dizes que tens uma 24? Então vale mais um marrecão dos teus que dois do teu pai, derrubados com aquele canhão da doze. Eu também tinha uma arminha 24 para a caça de mato: olha aqui.

E o velho alcançava ao guri as armas que já dormiam tranqüilas no armário, bem cuidadas e engraxadas, mas sempre a lembrar-lhe, cada uma delas, horas felizes.

São as horas felizes as que deveríamos lembrar: o que contou para nós, ainda que tenha passado para sempre. O Gavioli conseguiu. Eu, só de vez em quando. Que a lembrança dele me ajude.

XLVI

Não respire...

— Não respire... pode respirar. Não respire...

O médico preme o estetoscópio em meu peito, numa série de pontos claramente definidos. A gente tem uma vaga noção de onde fica o coração, ali, embaixo do esterno, um pouco à esquerda, mas o médico sabe e enxerga no visor do aparelho onde é que está exatamente a aorta, o ventrículo direito e o esquerdo, a válvula que se supunha defeituosa. Olha atento, sério, concentrado no visor que eu, deitado, não posso ver. É um médico bem jovem. O Bruno teria podido ser como ele, algum dia: sério, atento, ao lado de um paciente ansioso.

Mas eu não sou um paciente ansioso.

XLVII

A prancha de windsurf

Eu estava na cidade, eles na praia. Marion me telefonou. — Ofereceram um windsurf ao Bruno, e ele está louco por comprá-lo.

— Deve custar um bocado de dinheiro. Será que está certo, Marion? Um presente tão grande, logo depois do Natal.

— Fala com ele.

Logo, a voz emocionada do Bruno.

— Pai, eu preciso comprá-lo. Já aprendi a velejar nele. É uma beleza, melhor que o surfe.

— Mas é um monte de dinheiro, Bruno!

— Eu tenho algum na caderneta de poupança. Vou vender tudo: a bicicleta, a máquina de escrever que me deste no Natal. Bem, essa eu gostaria de guardar. Tu não queres pegá-la de volta? Me dás o dinheiro, e depois vou comprá-la de ti, logo que puder.

Estive a ponto de dizer: não, Bruno. Não se pode ter tudo neste mundo. O teu windsurf vai ser para o verão do ano que vem.

Ele teria obedecido, mas ficaria com o pesar. E, para ele, nunca mais haveria outro verão.

• 137 •

Por sorte, eu não disse "não", e o último verão foi um tempo feliz. Ainda ouço o seu grito: "Nordeste!", logo que soprava o vento. Ele largava tudo e corria ao mar. Na minha frente está esta fotografia: ele agarrado à vela, inclinada sob o vento, e o mar que brilha ao sol.

Morreu. Mas será que não é essa a chave de tudo, a pergunta essencial para o homem? Ainda importa — ou já não importa mais nada que o Bruno tenha aproveitado aquele seu último verão? Importa que um dia, lá longe, além da ilha, tenham aparecido os golfinhos ao seu lado, ora emergindo ora mergulhando na água clara?

"Foi uma beleza", disse. Quase um mágico presente, que não deveria ser esquecido, mas ele morreu, e, então, o presente vale ou não vale? Já é exatamente como se nunca tivesse vivido aquela hora, como se ela tivesse sido esquecida, completamente e para sempre?

E, como aquela hora, todas as horas que viveu; toda a vida dele?

Quando vira numa loja aquele peixe tropical de grandes nadadeiras transparentes parecendo asas, que custava cinqüenta e ele só tinha vinte, e o vendedor dissera: passa para cá os vinte e leva o peixe, aqui não tem controle — mas o Bruno preferira comprá-lo pelo preço certo uma semana depois... Aquela alegria ao olhar seu peixe no aquário de casa para ele valera; mas não daria no mesmo, hoje, se ele tivesse aceitado logo aquela pequena fraude e depois, olhando o peixe, sentido, cada vez, um leve remorso?

Ele morreu, morreu. O resto já nada vale. Se é que existe o grande Livro Razão da vida, onde cada um de nós tem a sua página — alegrias e tristezas, ações boas e más —, a página do Bruno já está, em todo caso, fechada, e como se nunca tivesse sido aberta.

Não! Essa página existiu, essa vida existiu — uma luzinha fugaz, logo sumida na escuridão, mas que por um instante brilhou, quente, luzidia, feliz, e esse instante vale como se fosse eterno.

Bem sei que, perante o infinito, não apenas a vida de cada um, mas a história toda do homem, é uma luzinha fugaz que em breve desaparecerá. Tudo será apagado, esquecido, como se não tivesse existido jamais. Vale, porém, porque é assim que sentimos, porque é assim que deve ser. Do fundo da nossa solidão, é esta certeza que gritamos e que nos salva, ainda que seja apenas a certeza de um sonho.

XLVIII

A cria

Voltei à costa do Chubut para rever os elefantes-marinhos.

A cada outono eles desaparecem, nadando pelo oceano aberto, rumo a não sei qual chamado remoto. Voltam no fim do inverno: os machos enormes, marcados de cicatrizes, prontos a lutar de novo pelo território e pelo harém; os machos mais novos, para os quais a luta ainda é brincadeira, até que chegue a vez deles; as fêmeas de longas pestanas e suave olhar humano.

A imensa praia, antes deserta, fica cada dia mais povoada. Cada elefante volta para o seu lugar: através da longa viagem, das tempestades, dos ataques da orca, ele reencontra o cantinho que deixou, aquelas rochas, as algas entre as quais perseguia o peixe junto com os companheiros, os canais familiares que a vazante revela.

Dois grandes machos enfrentam-se rugindo, erguendo-se alto sobre as caudas, cada um tentando sobrepor-se ao adversário. Chocam-se de frente com os largos peitos, mordem-se no focinho, no pescoço, nos flancos, até que um deles desliza no mar, deixando n'água uma esteira de sangue.

• 141 •

Assim foi sempre. Eu fico olhando sozinho, no vento. Penso: se o Bruno estivesse aqui! Mas sinto-me em paz.

Uma cria, nascida na madrugada, com o pêlo ainda úmido, olha para mim com seus grandes olhos curiosos.

Este livro foi composto na tipologia Goudy
Old Style BT em corpo 12/16 e impresso
em papel off-white 90g/m² no Sistema Cameron
da Divisão Gráfica da Distribuidora Record.